MARCO POLO

Polnische Ostseeküste
Danzig

Reisen mit Insider Tipps

Diesen Reiseführer schrieb Thoralf Plath. Der Journalist lebt bei Kaliningrad (Königsberg) und kennt die Polnische Ostseeküste von vielen Reisen und Reportagen.

www.marcopolo.de

Infos zu den beliebtesten Reisezielen im Internet, siehe auch Seite 96

SYMBOLE

MARCO POLO INSIDER-TIPPS:
Von unserem Autor für Sie entdeckt

★ **MARCO POLO HIGHLIGHTS:**
Alles, was Sie an der Polnischen Ostseeküste kennen sollten

HIER HABEN SIE EINE SCHÖNE AUSSICHT

WO SIE JUNGE LEUTE TREFFEN

PREISKATEGORIEN

Hotels		Restaurants	
€€€	über 80 Euro	€€€	über 18 Euro
€€	50–80 Euro	€€	10–18 Euro
€	unter 50 Euro	€	unter 10 Euro

Die Preise gelten für zwei Personen im Doppelzimmer mit Frühstück.

Die Preise gelten für ein Essen mit drei Gängen, aber ohne Getränk.

KARTEN

[108 A1] Seitenzahlen und Koordinaten für den Reiseatlas Polnische Ostseeküste

[U A1] Koordinaten für die Karte Danzig im hinteren Umschlag

Zu Ihrer Orientierung sind auch die Orte mit Koordinaten versehen, die nicht im Reiseatlas eingetragen sind.

GUT ZU WISSEN

Inhalt

Die wichtigsten MARCO POLO Highlights

Sehenswürdigkeiten, Orte und Erlebnisse, die Sie nicht verpassen sollten

1 Krantor (Brama Żuraw)
Hinter den Kulissen des berühmten Danziger Hafenkrans schufteten einst Sträflinge – die riesigen Treträder blieben erhalten (Seite 31)

2 Langer Markt (Długi Targ)
Das Herz der Danziger Rechtstadt kündet von hanseatischer Pracht – und von der Meisterschaft polnischer Restauratoren (Seite 32)

3 Marienkirche (Kościół Mariacki)
Danzig besitzt ein beeindruckendes Monument der Backsteingotik, wie für die Ewigkeit gebaut (Seite 33)

4 Nationalmuseum (Muzeum Narodowe)
Zehntausende Kunstliebhaber besuchen Jahr für Jahr die Ausstellung in Danzigs Alter Vorstadt. Hauptattraktion: Memlings »Jüngstes Gericht« (Seite 34)

5 Oliwa (Oliva)
Die kleine Vorstadt birgt in ihrer Kathedrale einen großen Schatz: eine Rokokoorgel mit fast 8000 Pfeifen (Seite 37)

6 Hakenterrasse (Wały Chrobrego)
Sehen und gesehen werden – das war von Beginn an der Sinn der herrschaftlichen Oderpromenade in Stettin (Seite 44)

Danziger Wahrzeichen: das Krantor und die Speicherinsel

Danzigs Marienkirche

7 Herzogsschloss (Zamek Książąt Pomorskich)
Pommerns altehrwürdige Greifenresidenz geht mit der Zeit und dient Stettin nun als Kulturhochburg (Seite 45)

8 Woliński-Nationalpark
Buchen mit Stämmen wie gotische Säulen säumen die wilde Kreideküste (Seite 51)

9 Seebrücke (molo)
Kołobrzegs Strandpromenade wird abends zum »Sunset-Boulevard« (Seite 55)

10 Darłowo (Rügenwalde)
Hier liegt vielleicht das legendäre Gold des »letzten Wikingers« (Seite 61)

11 Mierzeja Helska (Halbinsel Hel)
Seit 8000 Jahren wächst der Danziger Bucht ein Schwanz (Seite 63)

12 Słowiński-Nationalpark
Wie weiße Riesen ragen die Wanderdünen aus der kaschubischen Küstenwildnis (Seite 70)

Wanderdünen bei Łeba

13 Frombork (Frauenburg)
Hier betete, zweifelte, beobachtete und rechnete ein Domherr namens Nikolaus Kopernikus. Und behielt Recht, wie man heute weiß (Seite 76)

14 Malbork (Marienburg)
Eine Burg wie aus dem Bilderbuch: der mittelalterliche Regierungssitz des Deutschen Ordens (Seite 77)

15 Mierzeja Wiślana (Frische Nehrung)
Die Landsichel, zur Hälfte schon nach Russland hineinragend, wird von feinsten Sandstränden gesäumt (Seite 79)

★ *Die Highlights sind in der Karte auf dem hinteren Umschlag eingetragen*

KAT41

Entdecken Sie die Polnische Ostseeküste!

Wanderdünen, Traumstrände und eine pulsierende Metropole laden ein zu einer Reise ins alte Herz Europas

Schneeweißer Strand, von Dünen und Kiefernwald gesäumt, raue Kliffe, an denen im Herbst die Stürme nagen, Strandseen, Salzwiesen und Haffs, von Nehrungen geschaffen, halb Meer, halb Lagune: Polens Ostseeküste trägt viele Gesichter. 524 km zieht sie sich hin vom Zipfel der vorpommerschen Insel Usedom im Westen über die Danziger Bucht bis zur Frischen Nehrung, deren Spitze schon in der russischen Exklave Kaliningrad (Königsberg) liegt. Fast 100 m ragt die Steilküste der Insel Wollin nördlich von Stettin auf, ein Massiv aus Kreide und Lehm, von Buchen und Eichenurwald bewachsen. Weiter nach Osten fällt die Küste ab, geht auf in den breiten Dünenketten von *Pomorze Zachodnie* (Westpommern) mit nicht enden wollenden Stränden. Schließlich wieder ansteigend, nun aber sanfter, zum Słowiński-Nationalpark hin, wo der Wind den Sand zu 50 m hohen Wanderdünen aufgetürmt hat.

Auf der Frischen Nehrung gehören Fischerkähne zum Strandbild

Netz und Reuse immer griffbereit

Touristische Wüste ist dieses Badeparadies längst nicht mehr. Die Ostseeküste zählt zu den beliebtesten Ferienregionen Polens. Fischerdörfchen von Rowy bis Hel werden im Sommer zu überlaufenen Urlaubszielen sonnenhungriger Großstädter, Seebäder wie Międzyzdroje (Misdroy) und Sopot suchen Anschluss an Glanz und Gloria ihrer eleganten Vergangenheit. Villen im verspielten Stil der Bäderarchitektur erstrahlen frisch restauriert oder wurden stilecht nachgebaut, Promenaden und Seebrücken nach alten Vorbildern erneuert. Kołobrzeg (Kolberg) wirbt selbstbewusst als »sonnenreichste Stadt des Nordens«. Dabei hätte das renommier-

Geschichtstabelle

2000 v. Chr. Slawische Wenden wandern aus dem Südosten in die Landschaften der pommerschen Küste ein

997 Früheste urkundliche Erwähnung von einem Ort »Gyddanzyc« in der Biografie des hl. Adalbert

1000 In Kolberg (Kołobrzeg) entsteht das erste Bistum Pommerns des unter Herzog Mieszko I. christlich gewordenen Polen

1225 Der polnische Teilfürst Konrad von Masowien ruft den Deutschen Orden gegen die Überfälle der heidnischen Pruzzen zur Hilfe. Die Ritter beginnen auf dem unterworfenen Land ihren eigenen Staat zu errichten

1410 Vernichtende Niederlage der Ordensritter in der Schlacht bei Tannenberg (Grunwald) gegen ein polnisch-litauisches Heer

1525 Der letzte Hochmeister Albrecht von Brandenburg-Ansbach verwandelt den Ordensstaat in ein weltlich-protestantisches, der Lehnshoheit des polnischen Königs unterstelltes Herzogtum um

1772–1795 Russland, Preußen und Österreich teilen Polen untereinander auf, das Land verschwindet für 123 Jahre von der Land-karte Europas

1918 Nach dem Ende des Ersten Weltkriegs entsteht unter Józef Pilsudski wieder ein souveräner polnischer Staat, der im Versailler Vertrag den größten Teil Westpreußens (»Korridor«) zugesprochen bekommt. Danzig wird Freie Stadt und untersteht dem Völkerbund

1939 Der deutsche Panzerkreuzer »Schleswig-Holstein« beschießt eine polnische Anlage an der Westerplatte: Der Zweite Weltkrieg beginnt. Er wird 6 Mio. Polen das Leben kosten

1945 Konferenzen von Jalta und Potsdam. Polen wird mit einem Drittel seines Landes nach Westen verschoben, Hinterpommern, Danzig und Teile Ostpreußens werden polnisch

1980/81 Die Danziger Werftarbeiter erzwingen mit Proteststreiks die Gründung der freien Gewerkschaft Solidarność. Das Kriegsrecht wird ausgerufen

1990 Lech Wałęsa, der Arbeiterführer aus Danzig, wird Staatspräsident

1999 Polen tritt der Nato bei

2004 Die EU nimmt Polen im Zuge der Osterweiterung als vollwertiges Mitglied auf

2005 Rechtsruck bei den Parlamentswahlen, das konservative Bündnis »Recht und Gerechtigkeit« erringt einen Erdrutschsieg über die Sozialisten

Kein Opium, nur Natur: Pommerns Frühling zaubert Blütenlandschaften

te Kurbad Werbung kaum mehr nötig. 1,5 Mio. Gäste zieht es Jahr für Jahr an den feinen Strand, der an heißen Tagen so überfüllt sein kann, dass sich kaum noch Platz für ein Handtuch findet. Abends schwärmen Romantiker und Verliebte dann auf die Mole aus, um jenen Sonnenuntergang zu bewundern, für den schon das alte Kolberg berühmt war.

Alles in den Schatten stellte Zoppot, einst »Deutschlands mondänstes Seebad« mit Kasino und Villen, in den goldenen Zwanzigern avantgardistische Sommerfrische der Gutbetuchten. Seine schillerndste Zeit schien der Ort hinter sich zu haben, zumal die Wasserqualität in den letzten Jahren unter den nahen Industriehäfen von Gdingen und Danzig litt. Doch jenseits des lähmenden Sozialismus avanciert nun auch das heutige Sopot wieder zum Seebad der Schönen und Reichen. An endlosen Sommerabenden verwandelt sich die Kurparkpromenade in einen Laufsteg großer und kleiner Eitelkeiten. Und wenn von der Terrasse des legendären Grand Hotels, in dem schon der Schah von Persien und Tina Turner nächtigten, der Klang des Cello herüberweht, dann liegt wieder mehr als ein Hauch von Boheme und eleganter Lebenslust über Polens Nobelbadeort, dessen schönste Straße die hölzerne Seebrücke ist – mit 512 m die längste in Europa.

»Ein Hauch von Boheme und Lebenslust«

Wer statt des Strandtrubels Stille und ländliche Beschaulichkeit sucht, muss nicht weit reisen. Südlich der Küste schließt sich die Moränenlandschaft des Baltischen Höhenrückens an, ein malerisches Mosaik aus sanften Hügelketten, unberührt scheinenden Wäldern, Seen und Wiesen. In den verschlafenen Dörfern gehört die Milchbank am Straßenrand noch ebenso zum Alltag wie unzählige Störche und das Pferdefuhrwerk. Die Menschen leben von dem, was ihre handtuchschmalen Felder und Gemüsegärten hergeben. Sie leben mehr schlecht als recht davon, das ist nicht zu übersehen. Immer mehr junge Leute ziehen in die Städte oder suchen einen Job im Westen. Dafür entdecken Touristen und Naturliebhaber dieses fragile Paradies. Die alleengesäumten Nebenstraßen sind wie geschaffen fürs Radwandern. Angler und Kanuten fasziniert die Pommersche Seenplatte mit ihren 3000 blauen Augen. Eine Perle dieser Landschaft schimmert südwärts der Halbinsel Hel: die Kaschubische Schweiz.

»Über allem thront das alte Danzig«

Weststandard sollten Sie, was die touristische Infrastruktur angeht, nicht überall erwarten. Besonders auf dem Land, abseits der Urlaubshochburgen, wird gern improvisiert. Doch darin sind die Menschen hier Meister, und macht nicht gerade das Unvollkommene den Reiz des Entdeckens aus?

Eine Reise durch die Landschaften hinter der Küste führt wie durch eine Zeitschleuse zurück in eine Ländlichkeit, wie sie im Westen längst Geschichte ist. Für viele Besucher, die aus Deutschland kommen, ist es aber auch eine Zeitreise in die eigene Vergangenheit, an die Stätten der Kindheit, in die Heimat. Jahrhundertelang, vom späten Mittelalter bis 1945, gehörten weite Teile des Landes zwischen Stettiner Haff und Frischer Nehrung zu Deutschland. Die großen und kleinen Städte längs der Küste, von bewegter Geschichte geprägt, bewahren ein reiches kulturelles Erbe: Ordensburgen, Backsteingotik, hanseatische Bürgerhäuser. Da ist Szczecin, das alte Stettin, mit dem Greifenschloss, der Residenz der pommerschen Herzöge. In Kamień Pomorski, früher Cammin, steht die berühmte Bischofskathedrale, einst geistiges Zentrum Pommerns. Im Osten erinnert die Marienburg an die Herrschaft der Ordensritter, die im 13. Jh. in das slawisch-heidnische Land an der Weichsel vordrangen und von hier aus ihren theokratischen Militärstaat errichteten.

Doch über allem thront Gdańsk, Danzig, das Juwel der Ostseestädte. Über tausend Jahre ist das mächtige Handelszentrum alt, und an allem gewachsen, wenn auch oft im Schmerz: unter dem Deutschen Orden und als Löwe im Hansebund, zu Zeiten der polnischen Teilung, später als Freie Stadt. Am 1. September 1939 entfesselte Hitlerdeutschland hier mit den Schüssen des Panzerschiffs »Schleswig-Holstein« auf die Westerplatte den Zweiten Weltkrieg, an dessen Ende auch das in Jahrhunderten gewachsene Danzig in Trümmern lag. Die Stadt erhob sich wieder, wie Phoenix aus der Asche, nun Gdańsk heißend, polnisch, zwangsweise sozialistisch – doch immer noch an der Ostsee, dem Wind der Freiheit nah. Im August 1980 erstreikten 16 000 Werftarbeiter, angeführt vom charismatischen Elektriker Lech Wa-

Auf dem Markt der Danziger Altstadt türmen sich täglich die Vitamine

łęsa, die Gründung einer freien Gewerkschaft. Es war der Anfang vom Ende des Ostblocks unter Moskaus Fuchtel.

Die Solidarność-Revolution ist Geschichte. Heute präsentiert sich Gdańsk, mit Sopot und Gdynia zur »Dreistadt« verschmolzen, als weltoffene, liberale Ostseemetropole. In der Rechtstadt, dem als Meisterwerk der polnischen Restauratorenschule akribisch wieder aufgebauten ältesten Stadtteil, drängen Tag für Tag Touristen aller Herren Länder durch die Langgasse, bewundern den Artushof, werfen Münzen in den Neptunbrunnen. Ob Jazzfestival, Orgelkonzert oder der traditionelle Dominikanermarkt im August – es vergeht kaum ein Sommertag, ohne dass nicht etwas los wäre in der Kulturhauptstadt der Küste. Danzig zieht Russen aus Kaliningrad ebenso in ihren Bann wie schwedische Studenten und natürlich die alten Danziger, die wehmütig die Straßen ihrer Kindheit durchstreifen.

»Sie sind willkommen, die Deutschen«

Sie sind willkommen, die Deutschen, trotz manchen Vorurteils, das noch zwischen den Völkern steht. Am ehesten werden das die jüngeren Generationen abbauen, für die die unheilvolle Vergangenheit Geschichte ist und die Zukunft in einem offenen Europa liegt. Wer mit diesem Verständnis an die polnische Küste reist, wird Menschen mit einem großen Herzen voller Gastfreundschaft treffen. So sehr hat der Eiserne Vorhang die Mitte des Kontinents verschoben, dass die Wanderdünen von Łeba manchem im Westen immer noch so entlegen scheinen wie die Sahara. Dabei führt eine Reise nach Pommern geradewegs zurück in das alte Herz Europas.

Werften, Weltbild, Gold des Nordens

An der Polnischen Ostseeküste hat die Geschichte hohe Wellen geschlagen

Bernstein, Börnsteen, Bursztyn
Für Ovid waren es »Tränen der Götter«, die alten Griechen nannten ihn Elektron, in einem berühmten baltischen Märchen sind es die schaumigen Trümmer des Palastes von Jurate, der Tochter des Meereskönigs. Zahllose Legenden ranken sich um das Gold der Ostsee, den Bernstein. Die Erklärung der Wissenschaftler ist nüchterner: Bernstein tropfte vor 40 bis 70 Millionen Jahren als Harz der tertiären Kiefer *Pinus succinifer* zu Boden.

Harz brennt, Bernstein auch, was im Namen anklingt: Bernstein entstand aus dem Börnsteen, *börnen* ist mittelhochdeutsch und heißt brennen. Im polnischen *bursztyn* steckt das wiederum deutsche Lehnwort. Die »Baltischen Brillanten« gibt es in über 200 Farbnuancen, vom elfenbeinfarbenen, türkis geäderten bis zu dunkelgrünen Stücken. Nur jeder hunderttausendste Tropfen enthält einen prähistorischen Einschluss, eine Inkluse: Insekten, Skorpione, Blätter – Grüße aus dem Jurassic Park der subtropischen Braunkohlenwälder.

Unter dem Sterngewölbe der Danziger Marienkirche finden 25 000 Menschen Platz

Hanse – alt und neu
Alle alten Städte an der polnischen Küste von Stettin bis Frombork haben in ihrer Geschichte etwas gemeinsam: Sie waren Mitglieder der Hanse, jener mittelalterlichen Städtekonföderation, die zum Schutz kaufmännischer Interessen entstand und bald nach ihrer Gründung 1159 zum mächtigsten Bündnis im Ostseeraum aufstieg. Die Hanse schloss Verträge, führte Kriege und zwang mit Wirtschaftsblockaden ganze Länder in die Knie. In ihrer Blütezeit waren fast 200 Städte Mitglied der Hanse, ihr Einfluss reichte bis Italien und weit hinein nach Russland. Hauptsitz war seit 1356 Lübeck. Der Niedergang der Hanse begann mit dem Entstehen neuer, unabhängiger Handelswege. 1669 fand die letzte Versammlung des hanseatischen Bundes statt.

Traditionen mit Gedanken der Völkerverständigung, kulturellem und wirtschaftlichem Austausch zu verbinden ist Ziel der 1980 gegründeten »Neuen Hanse«, der 114 Städte angehören. Höhepunkte sind die Hansetage, die alljährlich in einer anderen Mitgliedstadt stattfinden – 1997 war Danzig Ausrichter dieses internationalen Volksfestes *(www.hanse.org)*.

Kaschuben

Den Deutschen zu polnisch, den Polen zu deutsch: Eine Seite der jeweils Herrschenden haben die Kaschuben, Angehörige eines slawischen Volksstammes in der Gegend westlich von Gdynia, in ihrer Geschichte fast immer gestört. »Ein Volk zwischen Hammer und Amboss«, schreibt Günter Grass, selbst kaschubischer Abstammung.

Doch das bodenständige Bauern- und Fischervölkchen behauptete sich gegen Germanisierung und Polonisierung. Etwa 350 000 Kaschuben leben heute in ihrer Heimat zwischen Słupsk, Bytów und der Danziger Bucht. Kaschubisches Traditionsbewusstsein ist sprichwörtlich, das Festhalten an überlieferten Bräuchen und altem Handwerk half den Kaschuben, ihre Identität zu bewahren. Sie sprechen sogar ihre eigene Sprache. Kaschubisch ist seit der Wende wieder zu hören, an der Universität Danzig gibt es sogar einen Studiengang Kaschubistik. Dort erfährt man auch, woher der eigenartige Name stammt: Die Männer trugen früher im Winter einen dicken Pelz – die *ka schuba*.

Katholische Kirche

Im Westen denken ratlose Pastoren an den Verkauf verwaister Gotteshäuser, in Polen dagegen wurden allein seit Mitte der Neunzigerjahre 2000 neue Kirchen gebaut. 95 Prozent der polnischen Bevölkerung bekennen sich zur römisch-katholischen Konfession, Messe und Beichte gehören ebenso zum Alltag wie reich geschmückte Marienbilder in Dörfern und Städten.

Die katholische Tradition wurzelt tief im 18. Jh., als die Kirche zu einem Bollwerk gegen die Bedrohung Polens durch die protestantischen Preußen und die orthodoxen Russen wurde und ihr Wirken mit der nationalpatriotischen Bewegung zu einer simplen Formel verschmolz: Pole gleich Katholik.

Ihre politische Stellung hat die katholische Kirche seit der Wende zwar eingebüßt, nicht aber ihren Einfluss auf die Gesellschaft, und das führt zunehmend zu Konflikten. Denn Vatikan hin, Tradition her, vor allem junge Leute kritisieren den ideologischen Druck seitens erzkonservativer Priester, die wider liberale Politik wettern und jungen Frauen die Absolution verweigern, wenn sie Sex vor der Ehe beichten. Dem Klerus stehen auch in Polen schwierige Zeiten bevor.

Kinski, Klaus (1926–1991)

Am 18. Oktober 1926 wurde in einem Mietshaus am Zoppoter Bahnhof Nikolaus Günther Karl Nakszyński geboren. Das hätte die Welt vermutlich längst vergessen, wäre aus dem schon als Kind zu ekstatischen Wutausbrüchen neigenden Polen nicht einer der berühmtesten Schauspieler erwachsen: Klaus Kinski, Deutschlands Filmekel, der in seinem Leben so ziemlich alles zerlegte, was ihm nicht in die Seelenlage passte. Vielleicht hätte er in einem Augenblick expressiver Wut auch die Gedenktafel an seinem Zoppoter Geburtshaus *(ul. Kosciuszki 10)* abgerissen, aber die wurde erst 1994, drei Jahre nach Kinskis Tod, angebracht.

Kopernikus, Nikolaus (1473–1543)

Geboren wurde Nikolaus Kopernikus oder Mikołaj Kopernik, wie die Polen

Im Frauenburger Dom erhellte Nikolaus Kopernikus unser Weltbild

ihn nennen, in Toruń (Thorn), doch sein Name ist untrennbar mit Frombork (Frauenburg) am Frischen Haff verbunden. Dort lebte und wirkte Kopernikus fast vier Jahrzehnte als Domherr, und dort schrieb er auch sein Hauptwerk »De Revolutionibus Orbium Coelestium« (»Von der Bewegung der Himmelskörper«), mit dem Kopernikus 1521 das antike ptolemäische Weltbild vom Kopf auf die Füße stellte: Die Erde war nicht länger der Mittelpunkt des Alls. Das zweifelt längst niemand mehr an, doch dafür stritten deutsche und polnische Historiker lange Zeit erbittert darum, welcher Nationalität der große Astronom gewesen sei. Pole oder Deutscher, Kopernik oder Kopernikus? Tatsache ist, dass Kopernikus selbst sich schon während seines Studiums hier als Pole, dort als Deutscher einschrieb und dass bereits zu seinen Lebzeiten mehr als 30 verschiedene Schreibweisen seines Namens existierten.

Umweltparadies mit Schattenseiten

Längs der Küste reihen sich Landschaftsformen aneinander, die im zersiedelten Westen selten geworden sind und die Lebensraum bieten für eine bedrohte Flora und Fauna: Salzwiesen und Hochmoore, Dünenketten und Nehrungsseen. Viele dieser sensiblen Ökosysteme stehen unter Naturschutz – die Insel Wollin mit ihren Buchenurwäldern genießt als Nationalpark höchsten Schutzstatus, die slowinzische Küste zählt zum Weltnaturerbe der Unesco. Doch seine Unschuld hat das Umweltparadies schon lange verloren. Viele Jahrzehnte zählten die Ballungszentren in Gdynia/Gdańsk und Szczecin/Świnoujście mit ihren Industriehäfen zu den übelsten Verschmutzern der Ostsee. In der Danziger Bucht und an den Stränden von Sopot herrschte Badeverbot, die Erträge der Küstenfischer brachen dramatisch ein. Der Bau von Kläranlagen und verschärfte Ökostandards haben den Zustand deutlich verbessert, der Patient Ostsee beginnt sich zu erholen. Alarmierend ist nach wie vor jedoch der Zustand des Frischen Haffs, das von der russischen Großstadt Kaliningrad als Kloake missbraucht wird.

Wałęsa, Lech (geb. 1943)
Als die Arbeiter der Danziger Lenin-Werft am 14. August 1980 aus Protest gegen Preiserhöhungen in den Ausstand traten und sich in ihrem Betrieb verschanzten, wurde ein Mann weltberühmt: Lech Wałęsa. Die Arbeiter wählten den charismatischen Elektriker an die Spitze ihres Streikkomitees. In zähen Verhandlungen zwangen sie der moskautreuen Regierung die »Danziger Vereinbarung« ab, die die Gründung der ersten freien Gewerkschaft des Ostblocks erlaubte. Ihr Name: *Solidarność*, Solidarität. Ihr erster Vorsitzender: Lech Wałęsa. Der Koloss des Kommunismus begann zu wanken.

Wałęsas Ruhm ist seitdem zwar verblasst – spätestens, seit der streng katholische Sohn einer Kleinbauernfamilie aus Popowo bei Bydgoszcz 1990 zum Staatspräsidenten aufstieg und an seinen vollmundigen Wahlversprechen scheiterte. Nach der Abwahl meldete sich der Expräsident im Frühling 1996 als Elektromonteur in der Danziger Werft zurück. Die medienwirksam inszenierte Rückkehr entpuppte sich aber schnell als billige Show.

Danzig oder Gdańsk?

Die polnischen Ortsnamen sind für manche nicht nur eine sprachliche Hürde

Viele Namen der Städte und Dörfer entlang der Polnischen Ostseeküste stellen Besucher aus dem Westen vor schier unüberwindliche Sprachprobleme. Szczecin, Świnoujście, Chwaszczyno: Das Polnische hält viele Zungenbrecher parat. Doch bei den Ortsnamen im nördlichen Polen handelt es sich nicht nur um ein sprachliches Problem. Vielen alten Pommern kommt Kołobrzeg und Darłowo schon deshalb schwer über die Lippen, weil die Orte während ihrer Kindheit in der alten Heimat Kolberg und Rügenwalde hießen. Andererseits werden bei vielen Polen Erinnerungen an eine unheilvolle Vergangenheit geweckt, wenn deutsche Gäste ausschließlich die früheren deutschen Bezeichnungen verwenden. Im polnisch-deutschen Miteinander sind Namen keineswegs nur Schall und Rauch. Daher nennt dieser Reiseführer im Regionenkapitel die polnischen Namen zuerst, danach die deutschen. Unter dem deutschen Namen geläufige Städte wie Danzig oder Stettin sowie adjektivisch benutzte Ortsnamen werden der besseren Aussprache halber eingedeutscht.

Riesige, weit verzweigte Hafenanlagen prägen die Dreistadt an der Ostsee

Ein Ehrenplatz in Polens Geschichtsbüchern ist dem Friedensnobelpreisträger (1983) dennoch sicher. Heute tourt Wałęsa regelmäßig als Vortragsreisender vorzugsweise durch die USA. In seiner Heimat tritt er nur noch selten öfffentlich auf. Aus der Solidarność trat er 2005 aus – ausgerechnet zum 25. Gründungsjubiläum.

Werften zwischen Krise und Aufbruch

Seit über tausend Jahren werden an der polnischen Küste Schiffe gebaut. Anfangs waren es eher Schiffchen: Schon im 9. Jh. segelten die Pomoranen mit ihren seetauglichen Booten zu Raubzügen nach Dänemark. Im Mittelalter stiegen Stettin und Danzig zu Zentren des Schiffbaus auf, mit der Industrieära zu Werftkolossen wachsend. Das blieben beide Städte auch nach dem Zweiten Weltkrieg. In Stettin liefen seit Mitte des 20. Jhs. über 600 Schiffe vom Stapel, darunter die größten Frachter, die je an der Ostsee gebaut wurden. In der Danziger Werftindustrie arbeiteten in den 1980er-Jahren fast 25 000 Menschen. Doch die Lenin-Werft geriet nach der Wende auch zum Symbol zögerlicher Privatisierungspolitik. Der marode Staatsbetrieb, abgeschottet von Marktwirtschaft und Modernisierung, brach Ende der Neunzigerjahre im rauen Wettbewerb zusammen. Profitieren von der Pleite konnte die Werft in Stettin: Die Stadt stieg zum größten Werftstandort Europas auf, spezialisiert auf den Bau großer Containerschiffe und Chemietanker. In Stettin leben heute rund 16 000 Menschen vom Schiffbau, darunter auch immer mehr Gastarbeiter aus Deutschland.

RYB

Herzhaftes aus Kraut und Rüben

Gegessen wird an der Küste gern Fisch, ansonsten wie überall in Polen: gut und kräftig

Jahrhundertelang war Polen eine Vielvölkerrepublik. Das schmeckt man: Russlands Piroggen sind auch in Polen beliebt; aus der Ukraine kam die berühmte Rote-Bete-Suppe. Der litauischen Tradition werden die variantenreichen gefüllten Pfannkuchen, der feinen jüdischen Kochkunst süß-saure Fischspezialitäten zugeschrieben. Auch die deutsche Küche hinterließ kulinarische Spuren, man denke an das Eisbein, das hier *golonka* heißt. Urpolnisch sind *flaki*, eine Brühe aus Kutteln, *krupnik*, eine Graupensuppe mit Sellerie und Zwiebeln, und natürlich *bigos*, das Nationalgericht: ein herzhafter Eintopf aus gedünstetem Kohl und Sauerkraut, Schweinefleisch, Speck und Zwiebeln, der oft mehrmals aufgekocht wird und von mal zu mal besser schmeckt. *Bigos* gibt es in zahllosen Variationen, jede Hausfrau schwört auf ihr Rezept, verfeinert ihn mit Koriander, Steinpilzen, Sahne, einem Schuss Rotwein.

Eine eigene regionale Küche hat Polens Norden nicht. Typisch für die Ostseeküste ist natürlich Fisch.

»Ryba« heißt Fisch, und den serviert man entlang der polnischen Küste frisch und lecker

Den gibt es fangfrisch in jedem Fischerdorf und in den Gaststätten auf vielerlei Art zubereitet: gebraten *(ryba smażona)*, geräuchert *(ryba wędzona)*, gekocht oder, nicht jedermanns Geschmack, in Aspik *(ryba w galarecie)*. Raffiniert kommt *ryba w sztormiaku* daher – Fisch im Wettermantel, gebacken mit allen Zutaten in Pergament verpackt, wodurch er ein wunderbares Aroma erhält. Beliebt ist Lachs *(łosoś)* und natürlich Aal *(węgorz)*.

Zum Mittagessen gehört in Polen unbedingt eine Suppe. Allseits beliebt ist *barszcz*, die berühmte Rote-Bete-Suppe des Ostens, aber auch *kapuśniak* aus Sauerkraut und Lauch. Im Sommer isst man gern *chłodnik*, eine vorzugsweise aus Roter Bete hergestellte, sahnige, erfrischende Kaltschale. Köstlich schmeckt *chłodnik* in der Kombination aus frischen Gurken, Dill und Kefir. In der Kaschubei sollten Sie Nusssuppe *(zupa orzechowa)* probieren, eine lokale Delikatesse.

Die polnische Küche gilt als deftig und gehaltvoll. In sich hat es vor allem der Hauptgang, zu dem die Polen gern Fleisch essen, das möglichst in schwerer, gut gewürzter Soße schwimmt. Schweine- und Rinderbraten mit Kartoffeln, kross

Spezialitäten aus Polens Norden

Lassen Sie sich diese Köstlichkeiten gut schmecken!

barszcz – Rote-Bete-Suppe. Den Klassiker der polnischen Küche gibt es außer in der klaren Form *(barszcz czysty)* auch mit kleinen gefüllten Teigtaschen, »Öhrchen« genannt *(z uszkami)*, mit einer Fleischkrokette *(z krokietem)* oder sahnig-süß *(barszcz zabielany)*

bigos – Polens Nationalgericht. Würziger Krauteintopf aus gedünstetem Weißkohl, Pilzen, Schweinefleisch und Speck

budyń makowy – Mohnpudding

chłodnik – Kaltschale aus Roter Bete, mit Dill, gehacktem Ei und Gurken verfeinert

flaki – pikant-scharf gewürzte Brühe aus gekochtem Kuhmagen (Kutteln)

golonka – gebratenes Eisbein, traditionell mit Sauerkraut *(kapusta kiszona)* serviert, ein unverkennbar deutscher Einfluss auf die multinational geprägte altpolnische Küche

gołąbki – mit Hackfleisch und Reis gefüllte Kohlrouladen

kaczka pieczona z jabłkami – Entenbraten mit Schmoräpfeln

kapuśniak – Sauerkrautsuppe

karp po żydowsku – Karpfen auf jüdische Art, pikant süß-sauer mit Mandeln und Rosinen zubereitet, eine Danziger Delikatesse

kasza gryczana – Buchweizengrütze, gebraten oder geröstet, eine typische Beilage zu Schweine- und Rinderbraten

naleśniki z serem – Pfannkuchen mit Quark

pieczeń huzarska – mit Backobst und Gemüse gefüllter Rinderbraten

pierogi – gefüllte Teigtaschen, ein Import der russischen Küche. Auf russische Art angeboten *(pierogi po rusku)*, sind *pierogi* mit Zwiebeln und einer pikanten Quark-Käse-Mischung gefüllt. Beliebt sind *pierogi* auch mit Fleisch *(z mięsem)* und Kohl *(z kapustą)*

ryba wędzona – Räucherfisch, die Spezialität der Küste. Wenn *węgorz wędzony* angeschrieben steht, ist Räucheraal gemeint

zając w śmietanie – Hase in Sahnesoße

zraszy zawijane – mit Pilzen gefüllte Rouladen, dazu gibt's traditionell Graupen *(kasza)* und saure Sahne

żurek – saure Roggenmehlsuppe, verfeinert mit Kartoffelstückchen und einem gekochten Ei

gebratene Ente mit Backobst gefüllt und Hase in Sahne sind typische Hauptgerichte. Verwirrung stiften einige Fleischbezeichnungen auf der Speisekarte. So steckt hinter dem *sznycel* oft eine große Frikadelle, auch das *kotlet mielony* ist aus Hackfleisch.

An guten Restaurants und Cafés herrscht im Norden Polens längst kein Mangel mehr. In den letzten Jahren rollte eine Modernisierungswelle die Küste entlang, und immer noch eröffnen jeden Sommer neue Lokale. Die Spanne reicht von Fastfood bis à la carte, vom allgegenwärtigen Imbiss bis zur gutbürgerlichen Küche. Sehr beliebt sind Straßencafés und urige Kneipen, ob in rustikalen Gewölbekellern oder in ausgebauten ehemaligen Mühlen. Die nobelsten Häuser finden Sie in Sopot und Danzig – am berühmtesten ist wohl das legendäre »Pod Łososiem« (Zum Lachs).

Auch die berühmt-berüchtigte *bar mleczny* hält sich immer noch. Hinter dieser spröden Institution aus sozialistischen Zeiten steckt schon lange keine »Milchbar« mehr, sondern einfache Selbstbedienungskantinen, in denen jene essen, die sich teure Restaurants nicht leisten können. Es schmeckt hier übrigens gar nicht schlecht, und das Essen ist unschlagbar günstig.

Neben der einheimischen Gastronomie hat auch die internationale Konkurrenz Wurzeln geschlagen. Armenisch, griechisch, vietnamesisch, mexikanisch oder indisch. Selbst in vielen kleineren Orten gibt es mittlerweile chinesische Kost – und meist auch einen Italiener. Letztere sind beliebte Jugendtreffs.

Zum Finale eines gutes Essens gehört in Polen ein Dessert, gern Eis *(lody)*, süße Milchpuddings *(budyń)* oder ein Stück Kuchen *(ciastko)*. Dazu trinkt man Kaffee *(kawa)*, der traditionell im Glas (Vorsicht, heiß!) mit Satz serviert und gebrüht wird, das nennt sich dann »türkisch« – *po turecku*. Gute Restaurants und Cafés sind aber längst zur üblichen Palette an Espresso, Latte Macchiato und Cappuccino übergegangen.

Das polnische Nationalgetränk ist Tee. Ihren *herbata* trinken die Polen zu jeder Tageszeit, mit viel Zucker und gern mit Zitrone. Sollten Sie eingeladen sein, wird es sicher nur wenige Minuten dauern, bis heißer Tee auf dem Tisch steht – eine Geste der Gastfreundschaft.

Auch Bier wird in Polen immer populärer. Marktführer im Norden sind das helle, leichte *Żywiec*, das dunklere *Okocim* und die Sorten der polnisch-australischen Brauerei *EB* aus Elbląg. Würzig kommt das *Hevelius* daher. Probieren sollten Bierfans das in Danzig gebraute *Kaper* – doch Vorsicht: Starkbier!

Zu einem gehaltvollen Menü gehört von Stettin bis Frombork traditionell Wodka. In der Vielfalt stehen die polnischen Hersteller ihren östlichen Konkurrenten keinesfalls nach. Es gibt Dutzende Sorten, vom *Wyborowa*, dem »Erwählten« bis zur Luxusmarke *Chopin*, daneben allerhand exotische Kreationen wie Kirschwodka *Wiśniówka*, pfeffrig-scharfen *Pieprzówka* oder *Żubrówka:* Wodka mit einem Halm Büffelgras aus dem Białowieża-Urwald drin. Als besonders stark gilt der nach jüdischer Tradition hergestellte *Koszerna*, und wer es wirklich wissen will: Wodka *Pajsachówka* hat 75 Prozent. Getrunken wird das Zeug eiskalt. *Na Zdrowie!*

ARBISZ
JEWELLERY

Ostseegold und Schiffsmodelle

Von Kitsch bis Kunst: Die Altstadt von Danzig ist ein Paradies für Bernsteinfans und Souvenirjäger

Am »Gold der Ostsee« scheiden sich die Geister. Man kann es mögen oder altmodisch finden: Noch immer ist Bernstein beliebtestes Mitbringsel von der Ostsee. Und wer dabei an Omas Broschen denkt, wird in Danzig eines Besseren belehrt. Die Bernsteinmeister in den Läden rings um die Marienkirche gelten als die Besten ihrer Zunft weltweit und verstehen sich auf extravagante Schmuckstücke ebenso wie auf Ausgefallenes vom Bilderrahmen bis zum Schachspiel. An Kitsch freilich herrscht auch kein Mangel. Am besten kaufen Sie Bernstein *(bursztyn)* in Danzig in der ul. Szewska und der ul. Mariacka oder in der *Bursztynowa Komnata (Długie Pobrzeże 1)*. Imitate sind nicht immer leicht zu erkennen. Sehr gleichmäßig gefärbte Stücke bestehen oft aus minderwertigem Pressbernstein *(Bernat)* oder Kunststoff. Echter Bernstein schwimmt in Salzwasser, lädt sich statisch auf, wenn man ihn an Stoff reibt – und brennt gut, mit aromatischem Rauch. Letztere Eigenschaft ist allerdings kaum testtauglich.

insider tipp

Danzigs Bernsteinjuweliere bieten die »Götterträne« in eleganten Kollektionen feil

Eine Fundgrube ist die Danziger Rechtstadt auch für Kunsthandwerk, Schiffsmodelle und maritimen Nippes. In den Desa- und Cepelia-Läden gibt es Volkskunst aus allen Teilen Polens. Auch in Antiquariaten lohnt es sich zu stöbern. Zwar sind echte Raritäten seit dem Anschwellen des Tourismus selten geworden. Und auch auf dem Dominikanermarkt Anfang August siegt Kitsch immer mehr über Kunst. Doch das Kaufen und Feilschen ist immer noch ein Erlebnis.

Eine gute Adresse für authentisches Kunstgewerbe ist die Kaschubische Schweiz. Traditionsreiche Handarbeiten wie bestickte Tischdecken, aber auch die Keramik der Kaschuben sind in ganz Polen berühmt. Rings um das Fischerdorf Tolkmicko am Frischen Haff lebt die alte Kunst des Holzschnitzens. Im Sommer werden an Straßenständen schöne, originelle, mitunter skurrile Arbeiten angeboten.

Natürlich bietet eine Metropole wie Danzig auch viele moderne Läden und Modeboutiquen internationaler Labels, sodass sich eine Shoppingtour lohnt. Das gilt auch für Musikläden: CDs sind in Polen billiger, die Auswahl bei Klassik und Jazz ist ausgesprochen gut.

Feste, Events und mehr

Strandfest, Jazz und Greifenjahrmarkt – Polens Ostseeküste lockt nicht nur zum Baden

Neptun und seinem Gefolge werden Sie im Sommerurlaub an der polnischen Küste möglicherweise öfter begegnen. Denn

Wikingerfest in Wolin

Meeres- und Strandfeste haben alle Seebäder von Świnoujście bis Koło-brzeg im Veranstaltungskalender, die meisten Anfang Juli. Ein alter Brauch, eigentlich aus heidnischer Tradition kommend, erfreut sich auch im katholischen Polen großer Beliebtheit: das Johannisfest zur Sommersonnenwende (23./24. Juni). Schöne Volksfeste verstehen v. a. die traditionsbewuss-ten Kaschuben zu feiern. Tradition haben in Polen Musikfestivals, die Spanne reicht von Jazz bis Klassik.

Feiertage

1. Januar *Neujahr;* **Ostermontag; 1. Mai** *Tag der Arbeit;* **3. Mai** *Jahrestag der Verfassung von 1791;* **Fronleichnam; 15. August** *Mariä Himmelfahrt;* **1. November** *Allerheiligen;* **11. November** *Jahrestag der Unabhängigkeit 1918;* **25./26. Dezember** *Weihnachten*

Feste und Veranstaltungen

April/Mai

Stettiner Theatertage: im Klub 13 (in der Woche nach Ostern)

Stadtfest von Koszalin (Köslin): Ausstellungen, Konzerte und Jahrmarkt (letzte Maiwoche)

Juni

Johannisfest (in vielen Küstenorten): In der Nacht vom 23. auf den 24. Juni legt man mit brennenden Kerzen verzierte Blumenkränze in Flüsse und Meer.

Insider Tipp *Kaschubische Wallfahrt der Fischer (Halbinsel Hel):* Die Fischer pilgern mit ihren Booten am Tag der Apostel Petrus und Paulus nach Puck (Putzig)

Internationales Festival der Orgel- und Kammermusik in Kamień Pomorski (Cammin): Konzerte im Dom
Internationales Chorfestival in Międzyzdroje (Misdroy): eines der bedeutendsten Chortreffen in Polen (erste Junihälfte)
Ostseetage in Świnoujście (Swinemünde): maritimes Festival
Festspiele Alter Musik auf der Marienburg (Malbork): Konzertzyklus polnischer und internationaler Stars

Juli

Wikingerfest in Wollin (Monatsanfang): Heidenspektakel für Fans des Nordmännermythos mit Zeltlager, Schwertkämpfen, Kunsthandwerk
Insider Tipp *Ritterfest auf der Marienburg:* Mit spektakulärem Turniergetöse wird Mitte Juli die Belagerung der Burg nachgespielt
Fischerfest in Jastarnia (Heisternest)/ Chałupy (Ceynowa): Regatta historischer Segel- und Fischerboote
Musica Sacra in Oliwa: Internationales Festival der Chor-, Kammer- und Orgelmusik in der Kathedrale
Orgeltage in Elbląg/Frombork
»Fama«, Festival der Studentenkunst, in Świnoujście (Swinemünde): Straßentheater und Konzerte
Greifenmarkt in Słupsk (Stolp): Immer Sonntag bieten Bauern, Künstler und Handwerker vor dem Schloss ihre Waren feil (bis Aug.)
Interfolk in Kołobrzeg (Kolberg): Folklore aus aller Welt, Konzerte im Amphitheater und im Kurpark, beginnt mit einer großen Straßenparade, endet mit der »Nacht der Volkskunst« am Strand und auf der Mole

August

★ *Dominikanermarkt (Danzig):* In den ersten beiden Augustwochen verwandelt sich die Rechtstadt in einen großen Jahrmarkt für Kunsthandwerk, Antiquarisches, Kitsch, Kunst und Trödel. Die Tradition des Markts reicht bis ins 13. Jh. zurück.
Sopot-Festival: Internationaler Schlagerwettbewerb auf der Waldoper Sopot (Zoppot), die Jazzszene feiert alternativ an der Seebrücke

September

Internationale Shakespeare-Tage im Danziger Wybrzeże-Theater: Seit der 800-Jahrfeier Danzigs (1997) treffen sich Schauspieltruppen aus vielen Ländern Europas zu Aufführungen in Anknüpfung an eine Renaissancetradition, als englische Ensembles in Danzig auftraten
Wettbewerb der polnischen Klaviermusik in Słupsk (Stolp)

November

Filmfestival in Gdynia (Gdingen): Wettbewerb um die besten polnischen Filme des Jahres

Shakespeare-Festival, Danzig

Ungleiche Geschwister

Die Dreistadt – Danzig, Gdynia, Sopot – lebt Kontraste aus: geschäftige Häfen, ein nobles Seebad und über allem viel hanseatischer Geist

»Trójmiasto« nennt sich das urbane Zentrum, zu dem Danzig, Gdynia und Sopot in den Nachkriegsjahrzehnten verschmolzen. Die »Dreistadt« zieht sich fast 50 km an der Westseite der Danziger Bucht hin, mit mittlerweile 800 000 Einwohnern die dominierende Metropole der Polnischen Ostseeküste. Ungleiche Geschwister sind sie geblieben, die Dreistädte: Ganz im Norden Gdynia, der lärmende Industriehafen, Stadt der Werften, der Handelsflotte. In der Mitte das elegante Seebad Sopot mit Strandvillen, Grandhotel, Spielkasinos und der legendären Waldoper. Schließlich Danzig. Schon zu Zeiten des hl. Adalbert (997) Sitz slawischer Fürsten, gewachsen und zu Macht gekommen als Löwin der Hanse. Heute ist die Stadt mit tausendjähriger Geschichte nicht nur die größte im Norden Polens (420 000 Ew.), sondern mit sieben Hochschulen, Philharmonie, Theatern und Museen internationalen Ranges auch ein kulturelles Zentrum, das sich wie in besten Zeiten präsentiert: liberal und weltoffen.

Die Danziger Rechtstadt wurde Haus für Haus akribisch restauriert

Sonne, Mond, Himmelsscheibe: die Astronomische Uhr von St. Marien

GDAŃSK (DANZIG)

Karte in der hinteren Umschlagklappe

[112 B3] Patrizierhäuser, die von Geist und Wohlstand ihrer Schöpfer künden, der Hafen an der Mottlau mit dem berühmten Krantor, verwinkelte Kopfsteinpflastergassen, der prächtige Langmarkt, holländisch geprägter Manierismus neben italienischer Renaissance – und über allem St. Marien, der Welt größte Backsteinkirche: Danzig ist ein Kronjuwel der Ostseestädte. Die Rechtstadt (Główne Miasto), kultureller Mittelpunkt und der Teil, der als erster das Stadtrecht erhielt, zieht Jahr für Jahr Hunderttausende Besucher in ihren Bann.

Die romantische Frauengasse diente schon oft als Filmkulisse

Sie bestaunen nicht nur ein Herzstück hanseatischer Macht, sondern auch ein Meisterwerk polnischer Restauratorenkunst. Das historische Zentrum von Danzig lag 1945 zu 90 Prozent in Schutt und Asche. Es wurde nach alten Vorlagen akribisch und originalgetreu wieder aufgebaut.

SEHENSWERTES

Altstadt (Stare Miasto) **[U C–D2]**
In der historischen Altstadt, die sich, getrennt durch den *Podwale Staromiejskie (Altstädtischer Graben)*, nördlich der Rechtstadt anschließt, geht es vergleichsweise beschaulich zu. Sehenswert ist das *Altstädtische Rathaus (Ratusz Staromieskej)*, ein Backsteinbau aus dem 16. Jh. mit markantem manieristischem Türmchen. Das Erdgeschoss beherbergt das *Baltische Kulturzentrum* und eine kleine *Galerie (tgl. 9–18 Uhr)*. Hinter dem Rathaus ragt das gotische Ensemble aus *Josephskirche (Kościół św. Józefa)*, *Elisabethkirche (Kościół św. Elżbiety)* und der *Abtei von Pelplin (Dom Opatów Pelplińskich)* auf. Weiter östlich erhebt sich auf einer Insel im Radaune-Kanal die *Große Mühle (Wielki Młyn)*, ein imposanter Ziegelbau, 1350 von den Rittern des Deutschen Ordens angelegt. Angetrieben von 18 Wasserrädern, mahlte sie pro Tag bis zu 200 t Getreide, eine für die damalige Zeit gewaltige Menge. Heute birgt die alte Mühle ein modernes Einkaufszentrum in rustikalem Ambiente.

Brigittenkirche (Kościół św. Brygidy) **[U D2]**
Berühmt wurde die nahe der Werft gelegene Kirche während des Ausnahmezustands 1980 – als Treffpunkt und Aktionszentrum der Mitglieder der Solidarność um Lech Wałęsa. Im schlicht, beinahe modern wirkenden Innenraum der

während des Kriegs stark zerstörten Basilika entsteht ein 11 m hoher, monumentaler Bernsteinaltar in Form einer aufstrebenden Lilie. Das einzigartige Kunstwerk ist dem Andenken der 28 Werftarbeiter geweiht, die bei den Protesten im Dezember 1970 ums Leben kamen. *ul. Profesorska 2*

Insider Tipp

Frauengasse (ulica Mariacka) [U D3]

★ In der Frauen- oder Mariengasse, die vom Frauentor zur Marienkirche führt, schwebt ein Hauch Altdanzig. Die Kaufmannshäuser sind von terrassenartig erhöhten Vorbauten gesäumt – den berühmten Beischlägen. Entstanden ab dem 16. Jh. als Eingänge der zur Straße erweiterten Speicherkeller und ursprünglich auch als Schutz vor Überschwemmungen, wurden die Beischläge nach und nach zu Statussymbolen der reichen Patrizier. Die Vorbauten wuchsen zu prachtvoll ausgeschmückten Veranden, auf denen man Geschäfte besprach, im Sommer mit der Familie speiste und dabei dem Treiben auf der Straße zusah. Ein Danziger Aushängeschild sind die Beischläge geblieben. Ihre Keller bergen Kunsthandwerksläden, Galerien und die schönsten, aber auch teuersten Bernsteinwerkstätten der Stadt.

Georgshalle (Dwór Bractwa św. Jerzego) [U C3]

Mit dem prunkvollen Palast im Stil der Spätgotik am Goldenen Tor stellte die Schützengilde der Georgenbruderschaft 1490 ihren Wohlstand zur Schau.

MARCO POLO Highlights »Danzig und Umgebung«

★ **Lange Gasse (ulica Długa)**
Der Weg, den einst die Könige nahmen (Seite 31)

★ **Krantor (Brama Żuraw)**
Der Hafenkran des Mittelalters hob tonnenschwere Lasten (Seite 31)

★ **Frauengasse (ulica Mariacka)**
Beischläge säumen die schönste Straße der Rechtstadt (Seite 29)

★ **Marienkirche (Kościół Mariacki)**
In der größten Backsteinkirche der Welt finden 25 000 Menschen Platz (Seite 33)

★ **Nationalmuseum (Muzeum Narodowe)**
Erst die Holländischen Meister und zur Krönung »Das Jüngste Gericht« von Hans Memling (Seite 34)

★ **Oliwa (Oliva)**
Gemeinhin dienen Orgeln ihrer Kirche, mitunter ist es umgekehrt (Seite 37)

★ **Langer Markt (Długi Targ)**
Wo der Meeresgott den Artushof bewacht (Seite 32)

★ **Mole (molo)**
Die Seebrücke von Sopot ist ein Pfahlbau der Superlative (Seite 39)

Goldenes Tor (Brama Złota) [U C3]

Nur wenige Schritte vom Hohen Tor erhebt sich das Goldene Tor; beide Durchgänge bildeten ursprünglich eine Art Schleuse in der Stadtmauer. 1612 im Stil der italienischen Renaissance umgestaltet, wird das Tor seither von einem antiken Triumphbogen geziert.

Großes Zeughaus (Wielka Zbrojownia) [U C3]

Mit seinen filigranen Schmuckgiebeln und der prächtigen Fassade gilt das Zeughaus am Ausgang der *Jopengasse (ul. Piwna)* zum *Holzmarkt (Targ Węglowy)* als schönstes Beispiel des Manierismus, einer niederländischen Spielart der Renaissance, in Danzig. Anton van Opberghen, seinerzeit einer der besten Architekten Europas, entwarf den Prunkbau um 1600 als Waffenarsenal. Heute birgt er Geschäfte und eine Kunsthochschule.

Grünes Tor (Zielona Brama) und Lange Brücke (Długie Pobrzeże) [U D4]

Das Grüne Tor – es hat seinen Namen vom ursprünglich grünen Sandstein seiner prächtigen manieristischen Fassade – öffnet den Langmarkt zum Hafen an der Mottlau hin. Als das palastartige Grüne Tor 1568 entstand, war es als Herberge für den in der Stadt weilenden polnischen König gedacht. Doch Majestät zog andere Quartiere vor. Früher stand im Tor die Waage, auf der jeder Kaufmann seine Waren zu wiegen hatte, ehe er sie verkaufen durfte. Heute beginnt hinter dem Tor links die *Lange Brücke*, seit jeher belebte Promenade, heute bevölkert von Touristen, Souvenirhändlern, Straßenmusikanten, Eisverkäufern. Längs des Kais liegen die imposantesten der Danziger Stadttore – das *Frauentor*, das *Brotbänkertor*, das *Heiligengeisttor* und das *Krantor*. Eine Brücke führt vom

Düster ragt das mittelalterliche Krantor vor der Speicherinsel auf

Grünen Tor hinüber auf die Speicherinsel mit dem modernen Yachthafen. Dort standen einst 300 Lagerhäuser – die größte mittelalterliche Speicheranlage Europas. 25 sind bereits wieder aufgebaut, weitere sollen folgen.

Hohes Tor (Brama Wyżynna) [U C3]
Der westliche Zugang zur Rechtstadt entstand aus dem äußeren Wehrtor der mittelalterlichen Stadtbefestigung. Seine heutige Form erhielt das Hohe Tor um 1585. Es trägt die drei Wappen jener Mächte, die das wechselvolle Schicksal der Stadt prägten: das polnische mit dem Adler, das preußische und das der freien Stadt Danzig. Hinter dem Durchgang ragt der gotische Kerkerturm auf.

Jacekturm (Baszta Jacka) [U D3]
Wie ein versteinerter Wächter ragt der achteckige Wehrturm der mittelalterlichen Stadtbefestigung an der nördlichen Grenze der Rechtstadt zur historischen Altstadt auf. Hier und in den benachbarten Straßen der Rechtstadt findet alljährlich im August der berühmte Dominikanermarkt statt.

Katharinenkirche (Kościół św. Katarzyny) [U D2]
Danzigs ältestes Gotteshaus. Schon 1185 stand hier eine hölzerne Kirche, die heutige Form stammt aus dem 13. Jh. Im Chor der dreischiffigen Hallenkirche liegt der Danziger Bierbrauer und Astronom Johannes Hevelius begraben. Im barocken Turm ein stündlich erklingendes Glockenspiel und ein kleines *Uhrenmuseum (Mi–So 10–17 Uhr). ul. Profesorska*

Krantor (Brama Żuraw) [U D3]
★ Hinter der markanten Fassade des 1444 erbauten, von zwei Rundtürmen flankierten Tores sind noch die riesigen Treträder zu bestaunen, mit denen Hafenarbeiter und Sträflinge Lasten von bis zu 4 t 11 m hoch hievten und Masten großer Segelschiffe aufrichteten. Das Krantor galt im Mittelalter lange Zeit als der größte Hafenkran der Welt. Heute ist es nicht nur das meistfotografierte Danziger Wahrzeichen, sondern auch Sitz des *Meeresmuseums.*

Lange Gasse (ulica Długa) [U D4]
★ »Königsweg« heißt der von prachtvollen Giebelhäusern reicher Kaufleute gesäumte Boulevard zwischen dem Goldenen Tor und dem Langen Markt auch, weil alle Herrscher und Könige durch die Langgasse in die Rechtstadt einritten. Heute, da tagsüber zahllose Touristen und Einheimische durch die Hauptstraße der Rechtstadt flanieren, vermag man sich kaum noch vorzustellen, dass hier 1945 alles bis auf die Grundmauern in Schutt und Asche lag. Sehenswert sind das originalgetreu wieder aufgebaute *Löwenschloss (Lwi Zamek, Długa 35)*, in dem König Wladislaw residierte, wenn er in der Stadt war, sowie das berühmte *Uphagenhaus.* Das 1776 erbaute barocke Wohnpalais des Danziger Patriziers und Ratsherrn Johann Uphagen ist heute ein Museum, in dem sich an viel Originalinterieur (es war ausgelagert und überstand so die Bombenangriffe) das Leben einer Patrizierfamilie zur Zeit des Rokoko nachempfinden lässt *(Di–So 10–16 Uhr, Dom Upenhagena, ul. Długa 12).*

Danziger Spitzen: Neptunbrunnen und Rathausturm am Langen Markt

Langer Markt (Długi Targ) **[U D4]**

★ Das pulsierende Herz der Altstadt. Hier stehen die berühmtesten Gebäude des historischen Danzig so kunstvoll restauriert beieinander, als sei die Stadt nie zerstört worden, überragt vom *Rechtstädtischen Rathaus* mit seinem 80 m hohen, filigran gestaffelten Uhrenturm, dessen Spitze eine vergoldete Statue von König Sigismund II. August krönt. Das Rathaus, ursprünglich um 1330 im Stil der Gotik erbaut, hat in den Jahrhunderten mehrfach sein Aussehen gewandelt. Über dem Portal der Schaufassade prangt das Wappen von Danzig. Das nach alten Vorlagen originalgetreu restaurierte Innere birgt heute das *Museum der Stadtgeschichte*. Neben dem Rathaus erhebt sich der *Artushof (Dwór Artusa)*. In dem manieristisch geprägten Palast hielt die Zunft der mächtigen Hansekaufleute ihre Versammlungen und berüchtigte Gelage ab, später diente der Bau als Börse. Prunkstück des großen sterngewölbten Saals ist ein 12 m hoher Kachelofen: Jede der 520 Kacheln ist ein handbemaltes Delfter Original. Vor dem Artushof sprudelt eines der meistfotografierten Wahrzeichen der Rechtstadt: der 1615 vollendete *Neptunbrunnen (Fontanna Neptuna)*, geschaffen von dem flämischen Künstler Peter Husen. Hünenhaft reckt der Meeresgott den Dreizack.

Unweit des Brunnens ragt aus der Häuserzeile an der Nordseite des Marktes das *Goldene Haus (Złota Kamienica)* auf, das wohl schönste Altdanziger Kaufmannspalais, erbaut 1609 für den damaligen Bürgermeister Jan Speymann. Die aufstrebende Renaissancefassade aus weißen Stuckornamenten und Basreliefs aus grünem Marmor, gekrönt von vier antiken Figuren – Antigone, Kleopatra, Ödipus und Achilles –, ist wie der Artushof ein

Werk des flämischen Baumeisters Abraham van den Blocke.

Marienkirche (Kościół Mariacki) **[U D3]**

★ Wie für die Ewigkeit gebaut erhebt sich die größte Backsteinkirche der Welt hinter dem Rathaus über der Rechtstadt. 25 000 Menschen finden Platz in der 105 m langen, 68 m breiten dreischiffigen Hallenkirche, deren überwältigender Raumeindruck durch filigrane Netz- und Sterngewölbe, den weiß ausgemalten Innenraum und das durch 37 haushohe Fenster einfallende Licht magisch verstärkt wird. Der größte Teil der reichen Innenausstattung ging im Krieg verloren. Zu den erhaltenen Schätzen zählen der gotische *Hauptaltar* und die *Danziger Schöne Madonna* aus dem 15. Jh. in der Annenkapelle. Das Gemälde *Das Jüngste Gericht* von Hans Memling ist nur eine Kopie – das weltberühmte Original wird im Nationalmuseum gezeigt. Einer der kostbarsten Schätze der Marienkirche ist die *Astronomische Uhr*. Das 12 m hohe Instrument aus dem Jahr 1470 besitzt ein kompliziertes Kalendarium und eine Himmelsscheibe. Täglich um 12 Uhr setzt sich das Figurenspiel der Uhr in Bewegung. Dann zeigt die filigrane Feinmechanik, was in ihr steckt. Um den Meister Hans Düringer daran zu hindern, eine solche Uhr für eine andere Stadt zu bauen, ließen die Danziger Ratsherren ihm angeblich die Augen ausstechen. Doch das ist nur eine von vielen Legenden, die sich um die Uhr ranken. Wagen sollten Sie den Aufstieg auf den ☼ Turm. Es sind über 400 Stufen, doch von der Galerie auf 78 m Höhe liegt Ihnen die Stadt zu Füßen.

Der Trommler auf der Bank

In Wrzeszcz, einem grauen Vorort von Danzig, lebt die Erinnerung an Oskar Matzerath

Das hieß mal so, heut heißt es so. /Dort wohnten bis, von dann an wohnten. /Ich buchstabiere: Wrzeszcz hieß früher. /Das Haus blieb stehen, nur der Putz…« sinniert Günter Grass im Gedicht »Kleckerburg«. Das Haus steht tatsächlich noch, in dem der Schriftsteller und Nobelpreisträger am 16. Oktober 1927 zur Welt kam – in Langenfuhr, einem Vorort im Nordosten Danzigs, heute besagtem Wrzeszcz. Neben der Tür der Mietskaserne in der *ul. Lelewela 13* erinnert eine kleine Tafel an den großen Deutschen. Langenfuhr ist auch Schauplatz der »Blechtrommel« (1959), in der der zwergenhaft zurückgebliebene Blechtrommler Oskar Matzerath auf grotesk-satirische Weise das heraufziehende Naziregime und den Ausbruch der Weltkriegsapokalypse erlebt. Oskar ist in Wrzeszcz lebendig geblieben. Er sitzt, abseits allen Touristenrummels, als Bronzefigur auf einer Parkbank auf dem Józef-Wybicki-Platz, wo er auch im Roman gern gewesen ist.

Drei Kreuze gedenken der dramatischen Tage auf der Danziger Werft

Werftdenkmal (Pomnik Poległych Stoczniowców) [U C1]

Vor dem Tor der legendären, mittlerweile stillgelegten Lenin-Werft, wenige Hundert Meter nördlich der Altstadt, ragen drei 40 m hohe Kreuze in den Himmel. Auf dem Sockel liegen immer frische Blumen in Gedenken an die Werftarbeiter, die 1970 bei Protesten gegen Preissteigerungen von der Polizei erschossen wurden. Zehn Jahre später wurde das Denkmal aufgestellt – der erste Erfolg der hier gegründeten Gewerkschaft Solidarność.

MUSEEN

Museum der Stadtgeschichte (Muzeum Historyczne Miasta Gdańska) [U D4]

Das Museum im Rechtstädtischen Rathaus ist ein Höhepunkt eines Danzig-Besuchs. Die Ausstellung beginnt im zweiten Stock, das Staunen schon in der barocken Eingangshalle und erst recht im *Roten Saal (Sala Czerwona)*, in dem einst die Ratsherren tagten: Der mit Samt ausgekleidete Saal ist im Stil des holländischen Manierismus gestaltet, gekrönt von 25 prunkvollen Deckengemälden. Die meisten der Bilder sind Originale, sie waren vor den Bombenangriffen ausgelagert worden. Dem detailgetreuen Wiederaufbau des Rathauses widmet sich ein großer Teil des Museums, zu dem als Filiale auch der Artushof gehört. *Di–So 10–16 Uhr; Mi Eintritt frei, ul. Długa 47, www.mhmg.gda.pl*

Insider Tipp

Nationalmuseum (Muzeum Narodowe) [U C4]

★ Das ehemalige Franziskanerkloster in der Alten Vorstadt birgt eine der wertvollsten Kunstsammlungen Polens. Neben allerhand Porzellan, silbernen Pretiosen und Ikonen faszinieren die Werke flämischer Maler von Pieter Breughel bis Anthonis van Dyck. Eigentlicher Schatz des Museums ist aber das Triptychon »Das Jüngste Gericht« von Hans Memling (um 1467). Das weltberühmte Gemälde galt lange als verschollen, erst 1952 kam es nach einer Irrfahrt durch Europa, die es u. a. nach Paris und St. Petersburg verschlug, nach Danzig zurück. *Di–So 10–16 Uhr, ul. Toruńska 1, www.muzeum.narodowe.gda.pl*

Zentrales Meeresmuseum (Centralne Muzeum Morskie) **[U D–E3]**

Ausstellung im Krantor, der Flora und Fauna der Meere und der Geschichte Danzigs gewidmet. Der interessantere Teil des Museums befindet sich auf der *Insel Bleihof (Ołowianka, alle 15 Min. kostenlose Fähre)*. Dort ist zu bestaunen, was Taucher in den letzten Jahren aus Wracks geborgen haben, u. a. die Ladung eines mittelalterlichen Handelsschiffes und Kanonen einer 1627 gesunkenen schwedischen Karavelle. *Di–So 10–18 Uhr, ul. Ołowianka 9–13, www.cmm.pl*

ESSEN & TRINKEN

Gdańska **[U D3]**

Hanseatisch gediegen speist man in diesem Klassiker der Danziger Gourmettempel am Zeughaus. Berühmt ist die Ente auf Danziger Art. *ul. św. Ducha 16, Tel. 058/305 76 72, €€€*

Insider Tipp **Gospoda pod Wielkiem Młynem** **[U C2]**

Schon wegen des rustikalen Flairs des Müllerzunfthauses einen Besuch wert, dazu gibt es handfeste polnische Kost, im Sommer am schönsten auf der Terrasse. Spezialität: *Barszcz* mit Fleischklößchen. *Na Piaskach 1, Tel. 058/305 30 69, €*

Mestwin **[U D3]**

Das Lieblingslokal aller Kaschuben in Danzig in der nördlichen Rechtstadt. Neben deftigen altpolnischen stehen v. a. kaschubische Spezialitäten (Insider Tipp) und pikante Fischgerichte auf der Speisekarte. *ul. Straganiarska 21/ 22, Tel. 058/301 78 82, €*

Café Pellowski **[U D4]**

Eine größere Auswahl an köstlichen Kuchen und Torten als im Café der traditionsreichsten Konditorei finden Sie in Danzig kein zweites Mal. *ul. Długa 40/42, Tel. 058/301 45 20, €*

Pod Łososiem **[U D3]**

Das Restaurant »Zum Lachs« ist eine Danziger Institution. Im berühmtesten Feinschmeckerlokal der Stadt tafelte Papst Johannes Paul II., speiste Maggy Thatcher, schwärmte Charles Aznavour von den erlesenen altpolnischen und Danziger Köstlichkeiten, die in dem 1598 vom Exilholländer Ambrosien Vermöllen gegründeten Gourmettempel serviert werden. Zu einem guten Essen gehört hier ein Glas »Lachs – Original Danziger Goldwasser« – schließlich wurde der legendäre Likör, angereichert mit 22-karätigen Blattgoldflocken, 1606 in diesem Hause erfunden. Unbedingt reservieren! *ul. Szeroka 52, Tel. 058/301 76 52, www.podlososiem.com.pl, €€€*

Tawerna **[U D4]**

Schiffsmodelle an der Decke, ein Kompass auf dem Tresen und allerhand maritimes Interieur können nur eins bedeuten: Hier wird Fisch serviert. Den gibt es ganz frisch und in großer Auswahl, daneben auch kaschubische Spezialitäten und europäische Küche. *ul. Powrożnica 19, Tel. 058/301 41 14, www.tawerna.pl, €€*

EINKAUFEN

Danzig ist ein Schatzkästchen des Bernsteinschmucks, das Angebot ist nirgends an der Ostsee größer. Die besten Juweliere finden Sie in der *Frauengasse (ul. Mariacka)*, am *Langmarkt (Długi Targ)* und an der *Langen Brücke (Długie Pobrzeże)*.

ÜBERNACHTEN

Dom Harcerza **[U C4]**
Einfache, sehr günstige Zimmer im burgartigen Flair des Pfadfinderhauses, zentral unweit vom Goldenen Tor gelegen. *19 Zi., ul. Z. Murami 2/10, Tel. 058/301 30 21, Fax 301 24 72, www.domharcerza.prv.pl,* €

Hanza **[U D3]**
Neues Komforthotel in Toplage direkt am Krantor, Zimmer mit Blick auf die Speicherinsel. Sehr beliebt und oft ausgebucht. *53 Zi., Tokarska 6, Tel. 058/305 34 27, Fax 305 33 86, www.hotel-hanza.com.pl,* €€–€€€

Jugendherberge (Hostel przy Targu Rybnym) **[U E2]**
Mitten in der Altstadt an der Mottlau. Problem: im Sommer oft belegt. Auf gut Glück fragen oder vorher reservieren. Zum Service gehören Fahrrad- und Kanuverleih. *5 Zi. u. Mehrbettzimmer, ul. Grodzka 21, Tel. 058/301 56 27, www.gdanskhostel.com,* €–€€

Królewski **[U E3]**
Hinter der Fassade eines mittelalterlichen Speichers neben der Philharmonie erwarten Sie der Komfort eines modernen Hotels und schöne Zimmer in rustikalem Ambiente, toll ist der Blick durch die Bogenfenster auf das Krantor. *30 Zi., ul. Ołowianka 1 (Insel Bleihof), Tel. 058/326 11 11, Fax 326 11 10, www.hotelkrolewski.pl,* €€

Mercure Hevelius **[U D2]**
Zum Luxushotel aufpoliertes Orbis-Hochhaus, auch das Restaurant ist Spitze. Aus den oberen Etagen traumhafter Blick auf Altstadt und Mottlau. *281 Zi., ul. Heweliusza 22, Tel. 058/321 00 00, Fax 321 00 20, www.orbis.pl,* €€€

AM ABEND

Baltische Philharmonie (Polska Filharmonia Bałtycka) **[U E3]**
Einer der renommiertesten Klassikklangkörper Polens. Repertoire von Chopin bis Brahms. *ul. Ołowianka 1, Tel. 058/305 20 40, www.filharmonia.gda.pl*

Irish Pub **[U C2]**
Im verrauchten Keller des Altstädtischen Rathauses trifft sich abends ein buntes Publikum – Studenten, Künstler, Intellektuelle. Am Wochenende oft Livemusik, von Irish-Folk bis Jazz. *ul. Korzenna 33/35, Tel. 058/320 24 74,* €

Kazamaty **[U C1]**
Trendiger Dance-Spot auf dem früheren Werftgelände, die DJs legen von Industrial bis Techno auf. *ul. Doki 1, Tel. 058/769 12 04*

ŻAK **[U C3]**
Multikulturhaus aus Theater, Programmkino, Kneipen. Konzerte von Rock bis Jazz. *ul. Grunwaldzka 195, Tel. 058/341 97 14*

AUSKUNFT

Büro des Tourismusverbandes PTTK **[U D4]**
ul. Długa 45 (am Langmarkt), Tel. 058/301 91 51, Fax 301 13 43, Mo–Sa 10–18 Uhr

Hauptattraktion der Kathedrale von Oliwa ist die Rokokoorgel

Städtisches Tourismusbüro **[U D2]**

ul. Heveliusza 27, Tel./Fax 058/301 66 37, www.gdansk.pl, tgl. 8–18 Uhr

Aktuelle Veranstaltungstipps finden Sie auch in den Heften *Gdansk In Your Pocket*, die kostenlos in allen großen Hotels ausliegen *(www.inyourpocket.com)*.

ZIELE IN DER UMGEBUNG

Leuchtturm Neufahrwasser (Latarnia Morska Gdańska Nowy Port) **[112 B3]**

Einer der schönsten Leuchttürme der Ostsee, 1871 nach dem Vorbild des Hafenfeuers von Cleveland/USA erbaut. Bis 1985 lotste der achteckige Turm die Schifffahrt gegenüber der Westerplatte in das Fahrwasser, dann stand er leer und verfiel, bis der Danziger Unternehmer Jacek Michalak ihn 2004 kaufte, renovierte und für Besucher öffnete. *ul. Przemysłowa 6a, Tel./Fax 058/760 16 42, Mai–Sept. tgl. 10 bis 19 Uhr, www.latarnia.gda.pl*

Oliwa (Oliva) **[112 A3]**

★ Die einst selbstständige Stadt am Hügelsaum des Trójmiasto-Waldparks, 15 km westlich von Danzig, birgt einen Schatz der Kirchenmusik: die berühmte Rokokoorgel von 1763 in der frühgotischen Kathedrale. 7880 Pfeifen und 100 Register erzeugen einen grandiosen Klang. Fast 20 Jahre gingen über den Bau des Instruments ins Land. Im Sommer gibt es tagsüber von 10 bis 16 Uhr stündlich Kurzvorführungen. Insider Tipp

Gleich hinter der Kathedrale, einst Kirche eines Franziskanerklosters, schließt sich ein großer, malerischer Park aus dem 18. Jh. an. Sehenswert ist der ebenfalls vom Rokoko geprägte *Bischofspalast (Pa-*

łac Opatów). Nebenan ist im alten Kornspeicher der Klosterabtei das *Kaschubische Volkskundemuseum (Muzeum Etnograficzne)* untergebracht *(Di–So 10–16 Uhr).* Fein (französisch) speisen lässt es sich im eleganten Restaurant des Luxushotels *Dwór Oliwski.* Lauschig-rustikal ist dagegen der Weinkeller des Hauses *(ul. Bytowska 4, Tel. 058/ 554 70 70, www.dworoliwski.com.pl, €€€).*

Pelplin **[112 B5]**
Das Städtchen 60 km südlich von Danzig ist bei Kunst- und Architekturfans in ganz Polen berühmt für sein 1276 gegründetes Zisterzienserkloster, ein Kleinod gotischer Baukunst. Mit ihren Stufengiebeln, dem stuckverzierten Nordportal und filigran vernetzten Sterngewölben zählt die Basilika zu den schönsten Kirchen im Ostseeraum. Innen rauscht Barock, gekrönt vom prächtigen Hauptaltar, mit 26 m Höhe dem höchsten Altar des Landes. Weitere Schätze bewahrt das *Diözesanmuseum,* u. a. eine Gutenberg-Bibel *(Di–So 11–16 Uhr).*

Westerplatte **[112 B3]**
Der beste Weg zur Westerplatte, 10 km nördlich von Danzig, ist eine Tour mit den Schiffen der Weißen Flotte. Vom Anleger am Grünen Tor fahren im Sommer von 8 bis 18 Uhr etwa stündlich Ausflugsschiffe zur Halbinsel an der Mottlau-Mündung ab, wo am 1. September 1939 mit dem Angriff des Schlachtschiffes »Schleswig Holstein« auf ein polnisches Militärdepot der Zweite Weltkrieg ausbrach. An den heldenhaften Widerstand der 183-köpfigen Wachgarnison, die sich der deutschen Übermacht erst nach sieben Tagen ergab, erinnert seit 1966 ein Denkmal auf dem höchsten Punkt der Westerplatte. Ein kleines *Museum* dokumentiert die historischen Ereignisse *(Mai–Okt. tgl. 9–16 Uhr).*

Sopot (Zoppot)

[112 A2–3] Im Westen eingerahmt von den Hügelketten Kaschubiens, vom Norden her gegen Brandung geschützt durch die Halbinsel Hel liegt Sopot (43 000 Ew.), Polens elegantestes Seebad. Es ist auch das milde Klima, dem die »Riviera des Nordens« ihre Beliebtheit verdankt. Als Vater der Kurtradition gilt der französische Militärarzt Jean George Haffner, der 1824 im damaligen Zoppot ein kleines Sanatorium einrichtete. Der steile Aufstieg zum Glamour-Strandbad der Reichen und Schönen begann freilich erst hundert Jahre später, in den goldenen Zwanzigern, als die Boheme aus Berlin und Danzig sich hier eine Insel des mondän-hemmungslosen Genießens einrichtete mit Spielkasinos, Pferderennbahn und einer Waldoper samt Wagner-Festspiel, das Zoppot bald den Beinamen »Klein-Bayreuth« eintrug.

Die Zeiten sind vorbei. Doch Sopot, 1998 offiziell zum Kurbad befördert, ist auf dem Weg »zurück in die Zukunft«. Längst ist in der Touristenstadt wieder alles auf Urlaub ausgerichtet, in einer Mischung aus Eleganz, Zoppot-Nostalgie und modernem Badetrubel. Mit über 2 Mio. Besuchern pro Jahr zählt Sopot zu den beliebtesten Badeorten an der gesamten Ostsee.

SEHENSWERTES

Mole (molo)

★ Der 1842 angelegte Seesteg ist mit 512 m die längste Mole Europas. Wer hinausspazieren will, muss allerdings erst einmal Eintritt zahlen (4,80 Złoty), was der täglichen Übervölkerung keinen Abbruch tut. Im Sommer spielt an der kleinen Kurbühne oft Musik, vom großen *Jazzfestival* Ende Juli bis zum nachmittäglichen Klassikkonzert. Am Molenkopf legen Ausflugsschiffe ab: hinüber zur Halbinsel Hel, nach Danzig und Gdynia.

Insider Tipp

Promenade (Bohaterów Monte Cassino)

Sopots Flanierboulevard, von den Einheimischen *Monciak* genannt, zieht sich geradewegs vom Bahnhof hinunter bis auf die Seebrücke – einst als kürzester Weg der Anreisenden zum Strand gedacht, heute gesäumt von Pubs und Straßencafés, Restaurants, exklusiven Läden und alten Bädervillen: Seebadnostalgie pur.

Südpark (Park Południowy)

Einer der großen Parks in Sopot und für viele Stammgäste der schönste. 150 Jahre alte Bäume säumen die gepflegte Anlage am Südrand des Kurortes. Angelegt wurde der Südpark nach Plänen von Jean George Haffner, dem Begründer der Seebadtradition Sopots.

Waldoper (Opera Leśna)

Wie ein antikes Theater wurde die Waldbühne 1909 in ein bewaldetes Tal am Westrand Sopots hineinkomponiert, 4500 Besuchern Platz bietend. Ihr Spielplan spiegelt Zeitenwandel. Was den 1920er-Jahren die Wagner-Festspiele waren, sind heute Musicals, Rockkonzerte und seit 1961 alljährlich im August das Schlagerfestival – legendär seit Entdeckung der Popgruppe Abba. Für

Der Ostsee entgegen: die Mole von Sopot ist die längste Europas

große Namen ist die Waldbühne immer noch gut: Tina Turner, Whitney Houston, Bryan Adams traten hier auf. Das aktuelle Programm gibt es in der Touristeninformation oder über die Künstleragentur BART *(ul. Moniuszki 12, Tel. 058/555 84 40, Fax 555 84 42, Mo–Fr 8–16 Uhr, Besichtigungen Mai–Sept. tgl. 10–19 Uhr).*

ESSEN & TRINKEN

Pod Strzechą!
Jüdische, litauische und altpolnische Köstlichkeiten. *Monte Cassino 41, Tel. 058/551 24 76, €€*

Złoty ul
Neben traditionellen, einheimischen Gerichten prägen brasilianisch-mexikanische Kreationen die Speisekarte. *Monte Cassino 31, Tel. 058/555 14 81, €€*

ÜBERNACHTEN

Amber
Freundliches, modern eingerichtetes Hotel am Ende der Strandpromenade. *13 Zi., ul. Grunwaldzka 45, Tel. 058/550 00 41, Fax 550 31 83, €€*

Insider Tipp **Eden**
Zentral und in Strandnähe, gemütlich eingerichtete Zimmer und trotzdem günstig. Rechtzeitig reservieren! *14 Zi., ul. Ks. A. Kordeckiego 4/6, Tel./Fax 058/551 15 03, www.hotel-eden.com.pl, €*

Grand Hotel
Fidel Castro, der Schah von Persien, Omar Sharif, Tina Turner: Die Liste illustrer Namen ist lang im Gästebuch des weißen Luxushotels am Strand, das nach aufwändiger Renovierung wieder mit klassisch-nostalgischem Flair aufwartet. Im Kasino lässt eine gut betuchte Klientel seither wieder Nacht für Nacht den Złoty rollen. *113 Zi., Powstańców Warszawy 12/14, Tel. 058/551 00 41, Fax 551 61 24, www.orbis.pl, €€€*

AM ABEND

Kinski
Szenetreff im Geburtshaus des genialen Schauspielers am Bahnhof. Der Pub ist im Stil eines Filmstudios eingerichtet, an den Wänden Kinski-Plakate und Filmszenen. Man kann hier auch ganz gut essen. *ul. Kościuszki 10, Tel. 058/551 71 65, €€*

FREIZEIT & SPORT

Segelklub Hestia
Einer der professionellsten Anbieter für alles rund ums Windsurfen und Segeln, Verleih von Boards und Katamaranen (Hobie), auch Ausbildung und Training. Der Club vermietet auch einige einfache Gästezimmer. *Hesti 3, Tel. 058/555 72 00, Fax 555 72 01, Mai bis Sept. tgl. 7–23 Uhr*

STRAND

Perlweiß und feinsandig säumt der fast 5 km breite Strand den Kurort. Bedingt durch die geschützte Lage, erwärmt sich das Ostseewasser im Sommer schnell. Lange hatte Sopot unter den nahen Häfen Gdynia und Danzig zu leiden, doch die Wasserqualität hat sich in den letzten Jahren erheblich verbessert. Von Badeverboten keine Rede mehr.

AUSKUNFT

Touristeninformation
ul. Dworcowa 4 (am Bahnhof), Tel. 058/550 37 83, Fax 555 12 27, www.sopot.pl, tgl. 9–17 Uhr

ZIEL IN DER UMGEBUNG

Gdynia (Gdingen) **[112 A2]**
Noch vor dem Ersten Weltkrieg war Gdynia, 10 km nördlich von Sopot, ein kleines Fischerdorf. Der beispiellos steile Aufstieg begann, als Gdynia nach dem Ersten Weltkrieg zum wichtigsten Hafen der wieder gegründeten Republik Polen wurde: Innerhalb weniger Jahrzehnte stieg die Einwohnerzahl auf 240 000. Das riesige Hafengelände prägt die jüngste Stadt der Polnischen Ostseeküste. Sehenswürdigkeiten aus Backsteingotik und Barock hat sie natürlich nicht zu bieten, dafür eine vom Bauhausstil geprägte moderne *City* mit Geschäften, stimmungsvollen Cafés und Restaurants längs der beiden Boulevards *Starowiejska* und *Swiętojańska*. Originell ist das schwimmende Lokal *Viking II* in einem nachgebauten Wikingerboot an der Südmole gleich neben den Museumsschiffen *(Al. Zjednoczenia, Tel. 058/661 46 21, €€)*. Beim abendlichen Kneipenbummel geht nichts über den Pub *Donegal* – ein uriges Stück Irland mitten in Gdynia, meist rappelvoll, tolle Stimmung *(ul. Zgoda 10, Tel. 058/ 620 46 23, €)*. Einen Ausflug wert ist Gdynia aber v. a. des *Ozeanografischen Museums* wegen: In 30 großen Seewasseraquarien tummeln sich Meeresschildkröten, bunte tropische Fische und Seesterne, Piranhas und Haie *(Mai–Aug. Di bis So 9–19, sonst 10–17 Uhr, Al. Zjednoczenia 1, www.akwarium.gdynia.pl). Auskunft: Pl. Konstytucji 1 (Hauptbahnhof), Tel./Fax 058/ 628 54 66, www.gdynia.pl*

Insider Tipp

Insider Tipp

Kinski wäre sicher Stammgast im Café in seinem Zoppoter Geburtshaus

Tor zum Westen

Stettin ist wie keine andere polnische Stadt auf der Suche nach sich selbst, nach ihrer Rolle in Europa

Für die meisten Gäste, die aus dem Westen an die polnische Küste reisen, ist Stettin das Eingangstor. Weit offen steht es und lässt staunen: Stettin und sein Umland boomen. Natürlich ist es die Lage an der Grenze, die den Aufschwung antreibt. Berlin ist nur 140 km entfernt. Über die neue Ostseeautobahn ist Stettin von Lübeck, der Schwester aus Hansezeiten, in vier Stunden zu erreichen. Auf diesen Straßen hat sich auch Stettin auf den Weg gemacht, in das alte Europa. Die Hafenstadt hat die viertgrößte Werft der Welt, ist Sitz der Euroregion »Pomerania«. Auch touristisch haben Stettin und sein Umland viel zu bieten und ziehen mit der romantisch schönen Natur zwischen Oderdelta, Stettiner Haff, der sagenumwobenen Ostseeinsel Wollin und den Seebädern Świnoujście und Międzyzdroje auch Tausende deutsche Urlauber an.

SZCZECIN (STETTIN)

Karte auf Seite 114

[108 A–B 5–6] Stettin (420 000 Ew.), das Industriezentrum an der Oder und kulturelles Herz von *Pomorze Zachodnie (Westpommern)*, war lange eine Stadt voller Bilder, die nicht zueinander passen wollten: Plattenblocks, dazwischen wenige erhaltene historische Straßenzüge und vereinzelt wieder aufgebaute Baudenkmale. Wirklich zu wandeln begann sich das Stadtbild erst nach dem Ende des Sozialismus. Seither legt sich Stettin mächtig ins Zeug. Gelungenes Beispiel ist die begonnene Rekonstruktion der Altstadt mit Giebelgassen und dem Rathaus. Die postmoderne »Altstadt« avancierte vom Fleck weg zum Szeneviertel und zum Symbol dafür, dass Stettin mit seinen gotischen Kirchen und Barockportalen, den vielen Parks, dem gründerzeitlichen Flair des »Pariser Viertels« und dem boomenden Hafen wieder zu einer vitalen Metropole zusammengewachsen ist.

Spielwiese für Architekten: barocker Ziergiebel in der Stettiner Altstadt

SEHENSWERTES

Altes Rathaus (Stary Ratusz)
Mit seinem filigranen Ziergiebel gaukelt es hanseatisches Alter vor, doch das Rathaus ist ein Neubau, dem spätgotischen Original nachempfunden wie die gesamte Altstadt ringsum. Der bunte Giebelmix aus barocken Patrizierhäusern und modernen Fassaden wirkte anfangs etwas steril. Doch mit den Läden und Kneipen zog Leben ein in

Pompös thront die Hakenterrasse am Westuferhang der Oder

das Viertel. Das Rathaus beherbergt das sehenswerte *Museum für Stadtgeschichte (Muzeum Miasta Szczecina, Di–So 10–17 Uhr, ul. Mściwoja 8, www.muzeum.szczecin.pl).*

Grunwald-Platz (Plac Grunwaldzki)

Imposante Bürgerhäuser, breite Boulevards und die sternförmig auseinander strebenden Straßen verleihen dem Platz nordwestlich der Altstadt ein französisches Flair. Insider Tipp »Pariser Viertel« heißt der Stadtteil zwischen Grunwald-, Rodła- und Lotników-Platz darum auch. Wie geschaffen für entspanntes Flanieren.

Hafentor (Brama Portowa)

Die Initialen des barocken Prunktores erinnern an Preußenkönig Friedrich Wilhelm I., der das Tor von holländischen Meistern bauen ließ, nachdem er Stettin 1720 von den Schweden gekauft hatte – »für einen gerechten Preis«, wie zu lesen ist. Tatsächlich war die Summe lächerlich gering: zwei Millionen Taler. *Pl. Brama Portowa*

Hakenterrasse (Wały Chrobrego)

★ Einen halben Kilometer zieht sich Stettins Prachtpromenade an der Oder hin, ein Boulevard, geschaffen zum Sehen und Gesehenwerden, gesäumt von einem imposanten Ensemble gründerzeitlicher Repräsentationsarchitektur. Heute haben hier das Wojewodschaftsamt, die Marinehochschule und das Schifffahrtsmuseum ihren Sitz. Der deutsche Name erinnert an den einstigen Bürgermeister Hermann Haken, unter dessen Regie die Terrasse zwischen 1902 und 1921 entstand. Heute heißt der Boulevard nach dem ersten polnischen König Bolesław I. Chrobry, dem »Tapferen«.

Herzogsschloss (Zamek Książąt Pomorskich)

★ Die einstige Residenz der pommerschen Herzöge, hoch über der Oder thronend, ist nicht nur historische Keimzelle, sondern auch das Kulturzentrum des modernen Stettin, u. a. mit dem Insider Tipp Forum zeitgenössischer Kunst.

Seit dem 13. Jh. residierten hier die Fürsten des slawischen Greifengeschlechts. Aus der gotischen Burg wuchs im Lauf der Zeit das vierflügelige Schloss, 1577 im edlen Stil der italienischen Renaissance umgestaltet. Alles, was heute auf dem Schlossberg steht, ist eine akribische Nachbildung. Bei den Wiederaufbauarbeiten entdeckte man die *Krypta* der mittelalterlichen Stiftskirche wieder. In der Gruft standen 14 Sarkophage mit den Gebeinen der Pommernfürsten. Sechs sind im *Schlossmuseum (Galeria Gotycka, tgl. 10–17 Uhr)* zu sehen. Die Krypta dient nun als Theater. Ein Hit des Schlossrundgangs ist die *Astronomische Uhr* am Turm, ein raffiniertes technisches Unikum aus dem Jahr 1693. Nicht verpassen sollten Sie den Aufstieg auf den 60 m hohen *Uhrenturm* (schönster Panoramablick). *Tgl. 10–17 Uhr, ul. Korsarzy 34, www.zamek.szczecin.pl*

Jakobikirche (Kościół św. Jakuba)

★ Machtvoll überragt der 70 m hohe Turm der größten Kirche Pommerns die Altstadt, ein Monument der Backsteingotik. Die Gründungszeit des Jakobidoms reicht in das späte 12. Jh. zurück, man baute fast 200 Jahre an der riesigen Kirche. Als architektonische Meisterleistung gilt das Fenster über der Empore: Es ist 87 m hoch. Von der prachtvollen Innenausstattung (es gab einst 54 Altäre) blieb bis auf die Reste zweier gotischer Flügelaltäre wenig erhalten. Doch imposant ist schon die Größe der Kathedrale, die 10 000 Menschen Platz bietet und oft für Klassikkonzerte genutzt Insider Tipp wird. Vor dem Dom hängt in einem

MARCO POLO Highlights »Stettin und Wollin«

★ **Hakenterrasse (Wały Chrobrego)**
Prachtpromenade und Lieblingstreffpunkt der Stadt an der Oder (Seite 44)

★ **Herzogsschloss (Zamek Książąt Pomorskich)**
Im Stettiner Schloss residierten die Fürsten des mächtigen Greifengeschlechts (Seite 45)

★ **Jakobikirche (Kościół św. Jakuba)**
Stettin besitzt Pommerns größte Kirche, darin hätte eine ganze Kleinstadt Platz (Seite 45)

★ **Woliński-Nationalpark**
Ein Netz von markierten Wanderwegen führt in die Urwaldreviere der Seeadler (Seite 51)

Dem Himmel ein Stück näher: der mächtige Turm der Jakobikirche

Holzgestell die 1682 gegossene, 6 t schwere Domglocke. 200 Jahre war sie verschollen, erst bei den Wiederaufbauarbeiten fand man sie, eingemauert in einer Wand.

Loitzhaus (Kamienica Loitza)
Der Palast der Patrizierfamilie Loitz (heute Kunstschule) ist das prachtvollste Beispiel spätgotischer Profanarchitektur in Stettin. Markenzeichen sind die schrägen Fenster des Treppenhauses. Die Familie Loitz gehörte im 16. Jh. zu den einflussreichsten Kaufmannsdynastien Europas. *ul. Panieńska*

Peter-und-Paul-Kirche (Kościół śś. Piotra i Pawła)
Die kleine spätgotische Backsteinkirche (um 1480) hat alle Stürme der Zeit fast unbeschadet überstanden. Terrakottaköpfe mit den Porträts Stettiner Bürger schmücken ihre Mauern. Innen ist das hölzerne (!) Barockgewölbe sehenswert. Sie steht an der Stelle der ältesten Kirche der Stadt. *trasa Zamkowa*

Rote Route (Miejski Szlak Turystyczny)
Sightseeing mit sportlicher Note: Der ca. 7 km lange City-Wanderweg, die »Rote Route«, hat von der Flora-Statue bis zum Hafentor alles Sehenswerte im Programm. Folgen Sie den roten Markierungen im Gehweg (Broschüre »Szczecin zu Fuß« bei der Touristeninfo). Insider Tipp

Schiffstouren
Das geschäftige Gewusel im riesigen Hafen- und Werftareal Stettins erlebt sich am eindrucksvollsten von Bord eines Schiffes aus. Vom Anleger an der Hakenterrasse starten regelmäßig Schiffe zu Hafenrundfahrten, ins Oderdelta und auf das Stettiner Haff. *ul. Jana z Kolna 7, Tel. 091/434 57 00, www.statek.pl*

MUSEEN

Meeresmuseum (Muzeum Morskie)

Eine Schatzkammer für alle Fans der maritimen Welt: Reste eines mittelalterlichen Wracks, historische Navigationsbestecke, Seekarten, Schiffsmodelle. Interessant ist auch die ethnografische Abteilung, die eine reiche Sammlung afrikanischer Kunst zeigt. *Di–So 10–17 Uhr, Wały Chrobrego 3*

Nationalmuseum (Muzeum Narodowe)

Das Museum zeigt eine große Retrospektive pommerscher Geschichte vom Mittelalter bis in die frühe Neuzeit in archäologischen Funden, sakralen Schätzen, Kunsthandwerk und Malerei. *Di–So 10–17 Uhr, ul. Staromłyńska 27*

ESSEN & TRINKEN

Chata

Der Klassiker gehobener Gastronomie Stettins ist eingerichtet wie ein Landgasthaus. Altpolnische und pommersche Spezialitäten vom Feinsten. *Pl. Hołdu Pruskiego 8, Tel. 091/488 73 70,* €€€

Chief Lilia Boron

Stettins Nr. 1 für Fischgerichte und Meeresfrüchte, riesige Auswahl. Das rustikal eingerichtete kleine Restaurant liegt am Grunwaldski-Platz. *ul. Rayskiego 16, Tel. 091/488 14 17,* €€

Insider Tipp

Haga

Was »Pannekoeken« sind, versteht wohl jeder. Die gibt es hier in 300 Variationen, hauchdünn bis fingerdick, von süß bis herzhaft. *ul. Sienna 10 (am Alten Rathaus), Tel. 091/812 17 59,* €

Insider Tipp

Prawda

Mix aus Café und Bierkneipe in der neuen Altstadt, derzeit einer der beliebtesten Treffs in Stettin. *ul. Wielka Odrzańska 20,* €

EINKAUFEN

Pazim-Center

»Thermoskanne« nennen die Einheimischen den futuristischen Glaspalast auch. Mit dem Radisson-Hotel unter einem Dach birgt das Pazim Stettins edelste Shoppingmeile. *Tgl. 10–22 Uhr, Pl. Rodła*

ÜBERNACHTEN

Atrium

Neues Komforthotel im Stadtzentrum, sehr modern und edel, feines italienisches Restaurant. *30 Zi., Al. Wojska Polskiego 75, Tel. 091/424 35 32, Fax 422 10 96, www.hotel-atrium.pl,* €€€

Campanile

Hinter der schmucklosen Fassade erwartet Sie ein modernes Mittelklassehotel. Freundlicher Service, gutes Preis-Leistungs-Verhältnis, am Rand der Altstadt gelegen. *85 Zi., ul. Wyszyńskiego 30, Tel. 091/481 77 00, Fax 481 77 01,* €

Ladoga

Wohnen auf einem umgebauten russischen Flusskreuzfahrtschiff! Die Kojen sind schlicht, aber das Flair ist einmalig. Im Schiffsrestaurant serviert man deftig russisch. *86 Zi., Nąbrzeze W. Chrobrego, Tel. 091/434 57 00, Fax 488 47 10, www.ladoga.pl,* €€

Radisson
Stettins bestes und teuerstes Hotel bietet luxuriösen Viersternestandard. Von der Copernicus-Bar im 11. Stock genießen Sie einen Panoramablick. *369 Zi., Pl. Rodła 10, Tel. 091/359 55 95, Fax 359 45 94, www.radisson.com.pl,* €€€

AM ABEND

Brama Jazz Club
Der Szeneclub schlechthin in Stettin. Im Königstor trifft sich ein buntes Volk aus Studenten, Professoren, Intellektuellen, Künstlern, schrägen Vögeln. Jazz vom Feinsten, oft live. *Tgl., Pl. Hołdu Prusikiego 1, Tel. 091/464 64 03*

Kubus
Beliebt ist diese Disko bei allen, die sich nicht mehr mit Techno zudröhnen lassen wollen, also bei Leuten ab 20 aufwärts. Guter Sound. *ul. Chopina 54, Tel. 091/448 99 06*

Insider Tipp **Teatr Kana**
Interessanter Mix aus Café, Pub und Theater, abends oft Livemusik, Konzerte und ausgefallenes Schauspiel. *Pl. śś. Piotra i Pawła 4/5 (an der Peter-und-Paul-Kirche), tgl., Tel. 091/433 03 88*

AUSKUNFT

Centrum Informacji
Im Schloss. Hier gibt es auch Konzerttickets. *ul. Korsarzy 34, Tel. 091/489 16 30, Fax 434 02 86, www.szczecin.pl, tgl. 10–18 Uhr*

Aktuelle Veranstaltungshinweise im Monatsheft *Welcome to Szczecin*, es ist kostenlos in allen größeren Hotels zu bekommen.

ZIELE IN DER UMGEBUNG

Puszcza Bukowa (Park Buchheide) **[108 B6]**
200 km Wanderwege durchziehen diesen wunderbaren Waldpark (10 km südlich), der ein Kleinod birgt: den kristallklaren Smaragdsee *(Jezioro Szmaragdowe)*. Insider Tipp Wenn sich das Sonnenlicht in dem 20 m tiefen Wasser bricht, schimmert der See tatsächlich wie ein Smaragd. Die Buchheide erwandert man am besten vom Stadtteil Zdroje aus.

Stargard Szczeciński (Stargard) **[108 C6]**
Zwei Kirchtürme überragen die Häuser des alten Stargard (35 km): die 100 m hohe Spitze von *St. Johannes* und der Turm der gotischen *Marienkirche*, für viele die schönste Kirche Pommerns. Auch die alte Hansestadt Stargard hat unter dem Krieg arg gelitten. Nur um den *Marktplatz* herum mit seinem Renaissancerathaus und einigen barocken Bürgerhäusern lebt noch die alte Schönheit. Sehenswert sind die imposanten Reste der *Stadtbefestigung*. Berühmt geworden ist die Stadt durch ihre Koordinaten: Stargard liegt genau auf dem 15. Grad östlicher Länge. Die mitteleuropäische Zeit hieß einst auch »Stargarder Zeit«. Ein *Meridianstein (ul. Szczecińska)* Insider Tipp erinnert daran *(www.cit.stargard.com.pl)*.

ŚWINOUJŚCIE (SWINEMÜNDE)

[108 A3] Wie kein anderes Seebad an der polnischen Küste ist Świnoujście (44 000 Ew.) von internationalem Flair geprägt. Die deutsch-polnische Grenze liegt am Stadtrand, im Hafen machen die großen Fähren aus Schweden und Dänemark fest. Als Seebad hat Swinemünde eine Tradition, die bis ins frühe 19. Jh. reicht. Es war die »Badewanne Berlins«, feiner Ferienort der Stars und Sternchen. Und heute pulsiert das Strandleben in Świnoujście schon fast wieder wie in den goldenen Zeiten.

SEHENSWERTES

Kurpark (Park Zdrojowy)

Inmitten des Strandtrubels wirkt der Kurpark mit seinen alten Bäumen, gesäumt von schönen Bädervillen, wie eine Oase der Ruhe. Kein Geringerer als Peter Joseph Lenné, das Genie preußischer Gartenbaukunst des 19. Jhs., komponierte die großzügige Anlage zwischen Swinestrom und Kurviertel.

Leuchtturm (Latarnia Morska)

68 m ragt er auf der Nordwestspitze der Insel Wollin auf – der höchste Leuchtturm Polens, nach dem Bau 1857 sogar lange Zeit der höchste der Welt. Sein Feuer ist fast 50 km weit zu sehen. Die 300 Stufen hinauf sind kein Klacks, aber die Aussicht ist traumhaft. *Tgl. 10–18 Uhr*

Mole (Molo)

Beidseits der Swinemündung ragen mächtige Molen als Wellenbrecher in die Ostsee vor, angelegt im frühen 19. Jh. Am Kopf der Westmole leuchtet das Wahrzeichen Swinemündes, eine Navigationsmarke in Form einer weißen Windmühle.

ESSEN & TRINKEN

Albakora

Traditionelle polnische Küche zu ordentlichen Preisen, beliebt bei

Kein Apartment ohne Platz an der Sonne: im Swinemünder Kurviertel

den Einheimischen. An der König-Christus-Kirche. *ul. Konstytu-cji 3 Maja 6, Tel. 091/321 21 61, €*

ÜBERNACHTEN

Albatros

Schwedisch geführtes Gästehaus in einer hübschen Strandvilla, Zimmer im skandinavischen Stil eingerichtet. *36 Zi., ul. Kasprowicza 2, Tel./Fax 091/321 23 36, www.hotel-albatros.com.pl, €–€€*

Atol

Das beste Kurhotel des Seebades. Ruhige Lage am Rand des Kurviertels, gemütliche Zimmer, das Hotelrestaurant »Hemingway« ist für seine Topküche berühmt. *60 Zi., ul. Orkana 3, Tel./Fax 091/321 23 36, www.hotelatol.com.pl, €€€*

AUSKUNFT

Wybrzeże Władyslawa 4, Tel./Fax 091/322 49 99, www.swinoujscie.pl, Mo–Fr 9–17, im Sommer auch Sa/So 10–16 Uhr

ZIELE IN DER UMGEBUNG

Kamień Pomorski (Cammin) **[108 B3]**

Die malerisch am Camminer Haff gelegene Kleinstadt, 45 km östlich von Swinemünde, birgt eine Perle der Backsteingotik: die *Bischofskathedrale* (1175 begonnen). Größte Kostbarkeit ist die fast 10 m hohe Barockorgel (1669), eine der klangvollsten Orgeln des Ostseeraums. *Konzerte Fr 19 Uhr, Juli/Aug. tgl. 13 und 17 Uhr, Juni–Sept. Festival der Orgel- und Kammermusik*

Międzyzdroje (Misdroy) **[108 A3]**

Alljährlich Anfang Juli schweben die Stars der polnischen Kinoszene zum Filmfestival in dem legendären Seebad auf der Insel Wollin ein, steigen im *Amber Baltic (191 Zi., Promenada Gwiazd 1, Tel. 091/328 10 00, Fax 328 10 22, www.hotel-amber-baltic.pl, €€€)* ab und hinterlassen im Gehweg vor dem Nobelhotel goldene Platten mit ihren Handabdrücken: Hall of Fame an der Ostsee! Międzyzdroje,

Polenmärkte

Aus den Budenkolonien sind respektable Kaufhäuser gewachsen, doch billig ist es immer noch

Die einen suchen nach aktuellen CDs, einer Markenjeans und ein paar Stangen Zigaretten, obwohl doch jeder weiß, dass die Ware mit den Originalen nicht viel mehr als den Namen gemeinsam hat. Die anderen schwören auf das frische Weißbrot. Gut muss es sein und billig. Über einen Mangel an Kundschaft können die Polenmärkte an den Grenzübergängen zwischen Stettin und Swinemünde nicht klagen. Aus den verschachtelten Budenkolonien der wilden 1990er-Jahre sind respektable Minikaufhäuser geworden. Ein Besuch lohnt sich immer noch – der Schnäppchen, doch auch der basarhaften Atmosphäre wegen.

Strand mit Kragen: Auf Wolin säumen bewaldete Steilhänge die Küste

mit weißem Strand und mildem Klima gesegnet, weil das Steilufer die rauen Seewinde abschirmt, ist ein Kurort par excellence. Im Sommer allerdings auch arg überlaufen. Wer den Ort genießen will: Im Frühherbst kehrt beschauliche Ostseeromantik zurück *(www.misdroy.de)*.

Wolin (Wollin) **[108 B4]**

Kaum zu glauben, dass die behäbige Kleinstadt am Südostzipfel der Insel Wollin, 35 km südöstlich, das Relikt des legendären Vineta sein soll, jenes sagenumwobenen »Byzanz des Nordens«, das 1170 urplötzlich von der Landkarte verschwand. Doch die Archäologen sind sich sicher, dass die frühslawische Handelsmetropole hier lag, »die größte unter allen europäischen Städten«, wie der Chronist Adam von Bremen 1075 schrieb. Mehr über die spannende Vineta-Forschung erfahren Sie im Insider Tipp *Regionalmuseum (Muzeum Regionalne, ul. Zamkowa 24, Di–Sa 10–16 Uhr)*.

Woliński-Nationalpark **[108 A–B 3–4]**

★ Mit etwa 120 km² nimmt der Nationalpark den größten Teil der Insel Wollin ein: die 95 m aufragenden Kreidefelsen, eiszeitliche Seen und den riesigen Buchenurwald auf dem Kliff. Wollins Wappentier ist der Seeadler. 30 Paare horsten im Nationalpark. Das Reservat gilt als Musterbeispiel dafür, wie sich Naturschutz und Tourismus verbinden lassen. Neben sechs Schutzzonen lenkt ein 40 km langes System markierter Wanderwege Insider Tipp in die schönsten Teile des Parks. Auf der grünen Route kommt man zum Wisentgehege (siehe Kapitel »Mit Kindern reisen«). Die Wege starten in Międzyzdroje am *Nationalparkmuseum (Di–So 10–18 Uhr, ul. Niepodległości 3, www.wolinpn.pl)*.

Salzwasser und Seebrücke

Mitten in Pommerns sanfter Strandeinsamkeit liegt das beliebteste Kurbad der Polnischen Ostseeküste

Schier endlos ziehen sich stille Naturstrände an der Küste von Pomorze Zachodnie (Westpommern) hin, ein perlweißes Band, gesäumt von Dünen, Wäldern und den lang gestreckten Nehrungsseen Jamno und Bukowo, die vor ein paar erdgeschichtlichen Sekunden noch Buchten der Ostsee waren. Nur an wenigen Stellen ragt Steilufer auf: Pomorze, dem »Land am Meer«, fehlt das Schroffe, das Spektakuläre. Sanfte Formen prägen das Bild.

Kołobrzeg (Kolberg)

Karte auf Seite 114

[109 D2] Das Seebad (47 000 Ew.) hat viel zu bieten: weiße Strände, einen idyllischen Kurpark, Sanatorien, einen Yachthafen, die »neue« Altstadt. 1,5 Mio. Menschen machen hier Jahr für Jahr Ferien. Wenn die Seebrücke an Sommerabenden zum Laufsteg der Urlaubsromantik wird, Fischerboote in den Hafen einlaufen und aus einem der Altstadtcafés Jazz herüberweht, ist kaum zu ahnen, welch umkämpfte Geschichte die Stadt an der Mündung der Parsęta hinter sich hat. Ihr Salz hat sie früh reich gemacht. Salz war der Schlüssel für den Aufstieg zur mächtigen Hansestadt, aber auch Grund für Begehrlichkeiten, die Wohlstand seit jeher bei fremden Mächten weckte. Russen, Schweden, Franzosen belagerten die Stadt. Preußen baute sie zur Festung aus – mit verhängnisvollen Folgen. Der von den Nazis zum Wahn hochstilisierte Unbesiegbarkeitsmythos Kolbergs gipfelte in blutigen Kämpfen, an deren Ende die Stadt fast restlos zerstört war.

Die Stunden der Romantiker: Sommerabendlichtspiel bei Kołobrzeg

Hell, bunt und schick: Kolbergs neue Altstadt

Als Kurort hat Kołobrzeg eine über hundertjährige Tradition.

250 Jahre weist der Kolberger Leuchtturm der Schifffahrt schon den Weg

Auch die hat mit Salz zu tun: Die Heilbehandlung mit Mineralwasser und Solebädern, erstmals 1804 beschrieben, ist landesweit berühmt.

SEHENSWERTES

Budzistowo

Die Konturen einstiger Wallanlagen an der Parsęta 2 km südlich des Stadtzentrums markieren die Wiege Kołobrzegs. Hier stand schon im 9. Jh. eine Burg. Die gotische *Johanneskirche* (1222) ist eines der ältesten Bauwerke Pommerns.

Leuchtturm (Latarnia Morska)

Wie ein Donjon ragt der rote Backsteinleuchtturm vom Plateau des Hafenforts auf. Man kann ihn besteigen, von der Galerie in 26 m Höhe belohnt ein schöner Blick auf die Stadt, den von massiven Redouten flankierten Hafen und die Reste der preußischen Festungsanlagen. *Tgl. 10–17 Uhr, ul. Morska*

Marienkathedrale (katedra N. P. Marii)

★ Der 74 m hohe, monumentale Turmblock der fünfschiffigen Kathedrale ragt so dominierend über der Altstadt auf, dass er früher ein Richtfeuer für die einlaufenden Schiffe trug. Zu den erhaltenen Schätzen der 1945 ausgebrannten, akribisch wieder aufgebauten Kirche zählen ein prachtvoller geschnitzter Kronleuchter von 1523, nach seinem Stifter »Schlieffenkrone« genannt, und ein bronzenes Taufbecken aus dem 14. Jh. Eine Kostbarkeit ist der 4 m hohe, siebenarmige Kandelaber aus dem Jahr 1327 – in ganz Europa gibt es nur noch fünf dieser gotischen Stehleuchter. *Tgl. 10–18 Uhr, ul. Mariacka*

Rathaus (Ratusz)

Mit seinem zinnenbesetzten Dachsims, Pfeilern und Erkern erinnert das neugotische Rathaus an ein englisches Castle. Kein Zufall: Erbaut wurde es um 1830 nach Plänen Karl Friedrich Schinkels, der sich gerade auf einer Studienreise durch England von der Tudorgotik hatte inspirieren lassen. Rathaus ist das Rathaus schon lange nicht mehr. Insider Tipp Heute residieren dort die *Galerie Moderner Kunst* und ein *Kulturzentrum*, das Ausstellungen und Konzerte veranstaltet. *ul. Armii Krajowej 12*

Seebrücke (molo)

★ Von der Strandpromenade *nadmorska* zweigt ein Wahrzeichen Kołobrzegs ab: die 230 m lange Seebrücke, auf der sich an manchen Sommerabenden die halbe Stadt zu versammeln scheint, wenn das romantische Finale des Urlaubstages naht: der Sonnenuntergang.

MUSEUM

Museum der polnischen Waffen (Muzeum Oręża Polskiego)

Militaria aus tausend Jahren polnischer Geschichte, vom Ritterschwert bis zur Uniform des Zweiten Weltkriegs. Ein Teil der interessanten Ausstellung ist den blutigen Kämpfen um die Festung Kolberg im April 1945 gewidmet. *Mai bis Sept. Di–Sa 9–17, sonst 9–15 Uhr, ul. Gierczak 5 und ul. Armii Krajowej 13*

ESSEN & TRINKEN

Green Fiddler

Uriger Pub in der Altstadt, unweit vom Rathaus. Das Publikum ist bunt gemischt, abends gibt es oft Livemusik. *ul. Dubois/Giełdowa, Tel. 094/352 89 61,* €

Pod Winogradami Insider Tipp

In der urgemütlichen Hafenkneipe »Unter den Trauben« trifft man Segler aus allen Ostseeländern. Oft rappelvoll, denn die Küche ist hervorragend. *ul. Towarowa 16, Tel. 094/354 73 36,* €€

Skandynawia

Nordisch nobel: Das elegante Hotelrestaurant des »New Skanpol«

MARCO POLO Highlights »Von Kolberg bis Rügenwalde«

★ **Seebrücke (molo)**
Tagsüber nur eine Mole, sommerabends wird die Seebücke von Kołobrzeg Laufsteg der Urlaubsromantik (Seite 55)

★ **Darłowo (Rügenwalde)**
Wo Pommernherzog Erik seine zweite Karriere als Pirat begann (Seite 61)

★ **Marienkathedrale (katedra N. P. Marii)**
Ein Kirchturm wie ein Monolith aus Backstein überragt Kołobrzeg (Seite 54)

★ **Połczyn Zdrój (Bad Polzin)**
Sein heilendes Wasser hat den Kurort in der Pommerschen Schweiz berühmt gemacht (Seite 58)

Die Wurst zum Tee

Aus Darłowo (Rügenwalde) stammt ein Schatz: pikant und streichfähig

Das in Darłowo verschollene Gold des Piratenkönigs Erik von Pommern mag einiges wert sein, berühmt geworden ist das einstige Rügenwalde durch einen ganz anderen Schatz: die Teewurst. Erfunden wurde die »Rügenwalder« Mitte des 19. Jhs. – »eine streichfähige feinsäuerliche Rohwurst, aus Schweinefleisch und Speck im Verhältnis zwei zu eins gemahlen, gewürzt … und über Buchenholz geräuchert«, um die Rezeptur selbst zu Wort kommen zu lassen. Die Bezeichnung Teewurst soll auf die deftige Gewohnheit der Pommern zurückgehen, zum Nachmittagstee Wurstbrote zu servieren. Nach dem Zweiten Weltkrieg flüchteten die hinterpommerschen Wurstmacher nach Deutschland, gründeten neue Betriebe und einen Verein, der seit 1957 Inhaber der Wortmarke »Rügenwalder« ist. Nur Produzenten, die in der Kleinstadt ihre Wurzeln haben, dürfen ihre Teewurst so nennen.

serviert erlesene Speisen mit skandinavischer Dominante. *ul. Dworcowa 10, Tel. 094/352 82 11,* €€€

ÜBERNACHTEN

Anna Lokum Serwis
Privatpension am Jednośći-Narodowej-Park, 5 Min. zum Strand. Unschlagbar günstig. Rechtzeitig reservieren! *8 Zi., ul. Klonowa 12, Tel./Fax 094/351 87 34,* €

Camping Nr. 78 Baltic
Insider Tipp
Gepflegte Familiencampinganlage mit 300 Stellplätzen, Holzbungalows und Ferienhäusern. Östlich der Altstadt am Rand des Fredry-Parks. *Mai–Sept., ul. IVD. W. Polskiego 1, Tel. 094/352 45 69,* €

New Skanpol
Komforthotel im Stadtzentrum, dänisch geführt und ziemlich edel, mit schönen, in skandinavischem Stil eingerichteten Zimmern. Wellnessbereich mit medizinischen Kurbehandlungen. Die Barkeeper des Nachtclubs »Underground« haben für ihre Mixkreationen schon viele Preise eingeheimst. Insider Tipp *155 Zi., ul. Dworcowa 10, Tel. 094/352 82 11, Fax 352 44 78, www.newskanpol.pl,* €€€

Solny
Von außen ziemlich schmucklos, doch die Zimmer sind modern und komfortabel. Zum Strand und in die Altstadt sind es je 5 Min. zu Fuß. *150 Zi., ul. Fredry 4, Tel. 094/354 57 00, Fax 354 58 28, www.orbis/solny/,* €€

FREIZEIT & SPORT

Bootsfahrten
Vom Hafen nahe der Mole aus legen tagsüber Ausflugsschiffe zu ein-

bis zweistündigen Rundfahrten auf der Ostsee ab, originell sind Touren in nachgebauten Wikingerbooten. Anlegestelle: *ul. Morska 9.* Wer etwas länger Zeit hat: Die Yachtagentur Ark bietet fünftägige Segeltörns auf historischen Gaffelkuttern an *(ul. Warcelnicza 1, Tel./Fax 094/ 352 87 07, arkcharter@xt.pl).*

Insider Tipp

Meeresangeln

Kołobrzeg gilt als bestes Dorschrevier an der polnischen Küste. Angeln von der Mole aus ist hier Volkssport, viele Fischer bieten auch Angelfahrten auf die Ostsee an. Nötig ist in jedem Fall eine Fischereierlaubnis. Die können Sie beim Hafenmeister *(bosman)* kaufen. *ul. Morska 2, Tel. 094/ 352 29 97*

STRAND

5 km Strand säumen das Seebad, doch an heißen Sommertagen wird es eng im Badeparadies. Östlich des Kurparks in Richtung Ustronie Morskie ist es nicht ganz so voll.

Insider Tipp

AM ABEND

Adabar

Kleines Musikcafé im alten Rathaus, beliebter Treff. Der Name meint nicht etwa die Bar, sondern erinnert an einen Rebellen, der im 15. Jh. auf dem Rathausplatz enthauptet wurde. *ul. Armii Krajowej 12, Tel. 094/354 48 83,* €

AUSKUNFT

Tourismusinformation

ul. Dworcowa 1, Tel./Fax 094/ 352 79 39, www.kolobrzeg.pl, Juni–Aug. tgl. 8–18, sonst 8–16 Uhr

PTTK

ul. Dubois 20 (im alten Pulverturm), Tel. 094/352 23 11, Mo–Fr 9–15, Sa 9–12 Uhr

Polens Mallorca: Im Sommer wird es eng im Kolberger Badeparadies

ZIELE IN DER UMGEBUNG

Połczyn Zdrój (Bad Polzin) [109 E4]

★ Malerisch schmiegt sich das Kurbad 65 km südöstlich von Kołobrzeg zwischen die Hügelketten der Pommerschen Schweiz, geprägt von einem Schloss, hinter dessen Lustfassade die im 18. Jh. barockisierte Burg von Pommernherzog Bogusław VI. steckt. Landesweit berühmt ist Połczyn Zdrój für sein stark salzhaltiges Mineralwasser, dessen heilende Wirkung seit dem Mittelalter gepriesen wird. 1699 stand hier das erste Kurhaus. Im weitläufigen Kurpark können Sie die Wirkung des brom-, natrium- und jodhaltigen Wunderwassers testen: in der Trinkhalle Joasia. Insider Tipp

Połczyn Zdrój ist ein idealer Ausgangsort für Ausflüge in die traumhaft schöne Wald- und Wasserlandschaft der Pommerschen Seenplatte. Rings um den Kurort sind Wanderwege markiert. Wenn Sie Zeit für eine längere Strecke haben: Die »Fünf-Seen-Tour« führt 28 hügelige, gewundene Kilometer nach Czaplinek (Straße 163). Insider Tipp *Auskunft: Kultur- und Touristenzentrum, ul. Zamkowa 2, Tel./Fax 094/366 31 17*

Ustronie Morskie (Henkenhagen) [109 E2]

Bekannt ist der kleine Küstenort 20 km östlich von Kołobrzeg v. a. durch seine Kurhäuser und das Meerwasserthermalbad. Der breite, von Steilküste gesäumte Strand ist nicht so überfüllt wie in Kołobrzeg, auf der Promenade lässt es sich angenehm spazieren. Wer länger bleiben will: Empfehlenswert ist das Spa-Hotel *O. W. Relax Inn (44 Zi., ul. B. Chrobrego 45, Tel. 094/351 54 70, Fax 351 52 97, www.relaxinn.de, €€)*. In der Umgebung gibt es einige schöne Urlaubsbauernhöfe, ein Tipp ist die *Alte Farm* in Rusowo *(Tel. 094/351 57 92, www.alte-farm.de, €)*. Insider Tipp

Wer Stille sucht, findet rings um das Kurbad Połczyn Zdrój kleine Paradiese

Auskunft: ul. Osiedlowa 2b, Tel./ Fax 094/351 41 75, www.ustronie-morskie.pl

KOSZALIN (KÖSLIN)

Karte auf Seite 115

[109 F2] Eine Schönheit ist die drittgrößte Stadt der Polnischen Ostseeküste (111 000 Ew.) nicht mehr. Das alte Köslin, einst mächtige Hansestadt und Fürstenresidenz, ging im Frühjahr 1945 in heftigen Kämpfen unter, aus den Trümmern wuchs ein Wirtschafts- und Verwaltungszentrum sozialistischen Zuschnitts mit Wohnblocks, autobahnbreiten Straßenschneisen, Gewerbegebieten. Doch Besucher sind überrascht von der Vitalität der Stadt, die den Verlust historischer Baukunst mit einem großen Kulturangebot wettzumachen sucht. Koszalin hat zwei Theater, eine Philharmonie, etliche Bibliotheken und Galerien. Auf der Freilichtbühne des modernen Theaters finden Konzerte vom Rockfestival bis zur Raveparty statt, das Internationale Orgelfestival zieht alljährlich von Juni bis August Musikliebhaber aus ganz Polen in den Bann.

SEHENSWERTES

Góra Chełmska (Gollenberg)
Schon im 13. Jh. war der auffällige Hügel am östlichen Stadtrand ein Wallfahrtsort, Tausende Katholiken aus dem ganzen Land pilgerten Jahr für Jahr an die Stätte eines alten Marienheiligtums. Nachdem Papst Johannes Paul II. den Gollenberg 1991 besucht hatte, lebte die Tradition wieder auf. Man baute einen

Koszalin: ein Tempel für die Regionalgeschichte

Aussichtsturm, auf den Fundamenten der alten Marienkapelle steht heute wieder ein Sanktuarium.

Marienkirche (Kościół N. P. Marii)
Wie ein Relikt der kriegszerstörten Pracht Koszalins überragt der Dom mit seinem wuchtigen Turm und der aufgesetzten barocken Laterne das Stadtzentrum. Von der reichen Innenausstattung sind ein frühgotisches Taufbecken und einige gotische Heiligenstatuen erhalten. Eigentlicher Schatz ist die Orgel. Alljährlich im Sommer findet im Dom das Internationale Orgel- und Kammermusikfestival statt. Insider Tipp

Wer den Weitblick liebt, sollte einen Aufstieg auf den Turm nicht

Burg Darłowo: Liegt hier das Gold des »letzten Wikingers«?

verpassen. Von der Galerie reicht die Sicht bei schönem Wetter bis hinaus auf die Ostsee. *ul. Zwycięstwa*

MUSEUM

Regionalmuseum (Muzeum Okręgowe)

Koszalins reiche Geschichte von der Hanse bis in die Neuzeit: Trachten, Münzen, historischer Hausrat, archäologische Funde, Kunsthandwerk, Malerei. Das Bezirksmuseum, in einem alten Palais untergebracht, birgt eine der reichsten musealen Sammlungen im nördlichen Polen. Nicht versäumen sollten Sie nebenan im Hof einer Wassermühle das Freilichtmuseum, in dem eine alte, original wieder aufgebaute und möblierte Fischerkate die Alltagskultur der Küstenfischer vor 200 Jahren nacherleben lässt. *Di–So 10–16 Uhr, ul. Młyńska 37, Filiale in der ul. Dąbrowskiego, www.muzeum.koszalin.px.pl*

Insider Tipp

ESSEN & TRINKEN

Kasztelański

Mix aus Restaurant und gemütlicher Jazzkneipe etwas außerhalb des Zentrums, abends oft Livemusik, zum Haus gehört auch ein kleines Motel. *ul. Morska 15, Tel. 094/343 00 09,* €€

Zielony Młyn

In der »Grünen Mühle« speist man ziemlich vornehm. Altpolnische Küche vom Feinsten. *ul. Młyńska 33, Tel. 094/342 35 79,* €€

ÜBERNACHTEN

Gromada Arca

Koszalins Tophotel bietet komfortablen Viersternestandard, im Restaurant »Balaton« dominiert internationale, französisch dominierte Küche. *84 Zi., ul. Zwycięstwa 20–24, Tel./Fax 094/342 79 11, www.gromada.koszalin.pl,* €€€

AM ABEND

Brok
Koszalins Dance-Spot Nr. 1. Moderne Großdisko mit vier Sälen, Musik von Pop bis Techno. *ul. Grunwaldzka, Tel. 094/346 09 55*

Philharmonie
Das Sommerkonzertprogramm reicht von Chopin bis Tschaikowskij, den aktuellen Spielplan erfahren Sie im Tourismusbüro. *ul. Zwycięstwa 105, Tel./Fax 094/342 62 20, www.filharmoniakoszalinska.pl*

AUSKUNFT

Büro »Turysta«
ul. Andersa 2, Tel./Fax 094/342 45 11, www.koszalin.pl, Mo bis Fr 10–17, Sa 10–14 Uhr

ZIELE IN DER UMGEBUNG

Darłowo (Rügenwalde) [109 F1]
★ Die alte Hansestadt (15 000 Ew.) 40 km nordöstlich überrascht mit einer wunderbar erhaltenen mittelalterlichen Altstadt – der Krieg hat Darłowo verschont. In der Mitte des schachbrettartig angelegten Netzes aus Gassen und kopfsteingepflasterten Straßen liegt der *Marktplatz* mit dem barocken *Rathaus* und der *Marienkirche*. Südöstlich ragt auf einer Insel im Flüsschen Wieprza die im 14. Jh. erbaute Burg auf. Hier begann Erik von Pommern nach seiner Abdankung als König von Dänemark, Schweden und Norwegen um 1440 seine zweite Karriere – als Pirat. Das auf der Ostsee zusammengeraubte Gold soll »der letzte Wikinger« in Darłowo vergraben haben. Gefunden wurde der mysteriöse Schatz bis heute nicht. Gut und günstig übernachten können Sie im *Hotel Eryk*, das etwas versteckt in einer Altstadtgasse liegt *(Restaurant mit altpolnischer Küche, 33 Zi., ul. Rynkowa 2 d, Tel. 094/314 36 86, Fax 314 36 87, www.eryk.com.pl, €). Auskunft: in der Burg, ul. Zamkowa 4, Tel. 094/314 35 72, www.darlowo.com.pl*

Krąg (Schloss Podewils) [109 F2]
So viele Fenster wie das Jahr Tage, so viele Zimmer wie das Jahr Wochen und so viele Eingänge wie das Jahr Monate hat es angeblich, das »größte Schloss Pommerns«. Der einstige Sitz der Adelsfamilie von Podewils steht in Krąg (Crangen, 40 km). Auch wenn man in dem Luxushotel *(www.podewils-hotel.pl)*, das heute hinter der Renaissancefassade residiert, nicht übernachten will, lohnt sich ein Ausflug. Erbaut wurde das Schloss 1450 – Auftraggeber war kein Geringerer als Herzog Erik von Pommern.

Mielno (Groß Möllen) [109 E2]
Das Küstenstädtchen 15 km nordwestlich von Koszalin steht bei Badegästen wie bei Naturfans gleichermaßen hoch im Kurs. Die einen lockt der endlose Sandstrand, die anderen zieht es zu Wanderungen an die einsamen Schilfufer der Lagunenseen Jamno und Bukowo, ein Paradies für Wasservögel, Libellen und Fischotter, das sich 30 km an der Küste hinzieht. Mielno, die »Badewanne Koszalins«, hat sich zu einem schmucken Seebad herausgeputzt. Hinter den sanierten Fassaden steckt tiefe Geschichte: Der Ort ist über tausend Jahre alt.

Insider Tipp

JAS 75
JAS 75
JAS-110

Nehrungsland und Wanderdünen

An der Kaschubischen Küste hat feiner weißer Sand bizarre Landschaften geformt

Zwischen dem Dünenteppich des Słowiński-Nationalparks und der zerbrechlich schmalen Halbinsel Hel (Mierzeja Helska) erstreckt sich das Kaschubische Küstenland, ein Kronjuwel an der polnischen Ostsee: Sandstrand fein wie Puderzucker, hier von Kiefernhainen, dort von steilen Kliffen gesäumt, alte Fischerdörfer, die sich zu schmucken Badeorten gemausert haben, in der Hochsaison freilich oft heillos überlaufen. Wer Abwechslung vom Strandtrubel sucht, muss nicht weit reisen. Im Hinterland lockt das »Blaue Ländchen«, ein hügeliges Mosaik aus Wäldern, Wiesen und etwa 600 Seen. Wirtschaftliches und kulturelles Herz der Region ist Słupsk, die alte Greifenresidenz Stolp, einst als »Pommerns Klein-Paris« umschwärmt. Herzog Bogislaw der Große (1454–1523) hat längst abgedankt. Sein Schloss ist nun Museum, sein Schlafsaal Restaurant. Ein Urlaubsgruß aus Słupsk hat übrigens besonderen Wert: Hier erfand der preußische Generalpostmeister Heinrich von Stephan 1831 die Postkarte.

Im Hafen von Jastarnia auf der Halbinsel Hel drängt sich die Flotte der Küstenfischer

MIERZEJA HELSKA (HALBINSEL HEL)

[112 A–B 1–2] ★ *Krowi ogon,* Kuhschwanz, nennen die Polen die lang gestreckte, schmale Halbinsel Hel am Nordrand der Danziger Bucht. Zu wachsen begann der »Küstenschwanz« vor etwa 8000 Jahren, zunächst waren es ein paar Inselchen, zwischen denen die starke Meeresströmung Sand ablagerte. Inzwischen ist die Putziger Nehrung fast 35 km lang – und immer noch nicht fertig. Die Erdbildung geht weiter, wie Satellitenvermessungen zeigen. Die Landnadel ändert fortwährend ihre Form. Heute ist die Halbinsel Hel im Sommer ein Urlaubsparadies, die fünf Fischerdörfer darauf leben fast ausschließlich vom Tourismus. Befremdlich wirkt allenfalls die starke Militärpräsenz auf der Spitze von Hel.

SEHENSWERTES

Chałupy (Ceynowa)

Das kleine Fischerdorf liegt nahe der schmalsten Stelle der Halbinsel, die Landzunge ist hier nur knapp 200 m breit. Bekannt ist es für sei-

Die im 13. Jh. erbaute Kirche von Hel ist heute Fischereimuseum

nen schönen FKK-Strand. Chałupy zählt zu den Hochburgen der polnischen Naturisten.

Hel (Hela)

Der Hafenort an der Südostspitze der Nehrung ist eine der ältesten kaschubischen Küstensiedlungen. Schon 1387 erhielt Hel Stadtrecht. Die gotische Kirche stammt aus dem 15. Jh. Schön spaziert es sich auf der Promenade am Hafen, gesäumt von Souvenirhändlern, Cafés und Pubs. Dort gibt es frischen Räucherfisch, für den Hel berühmt ist.

Insider Tipp

Jastarnia (Heisternest)

Geduckte Katen aus dem 18. und 19. Jh. säumen die Straßen, die Wände der Dorfkirche sind in den kaschubischen Nationalfarben Blau, Weiß, Grün verziert. Das alte Fischerdorf hat sich viel elementare Nehrungsstimmung bewahrt. Doch damit wird es wohl bald vorbei sein, denn im Eiltempo entstehen überall Pensionen und Wohnhäuser. Das Strandleben pulsiert, Jastarnia entwickelt sich mit dem benachbarten Jurata immer mehr zum touristischen Herz der Nehrung.

Jurata

Das nach der Meereskönigin aus einem baltischen Märchen benannte Dorf liegt am Rand des Militärsperrgebiets, das sich über einen Teil der Halbinsel erstreckt. Kiefernwald und Dünen schirmen es gegen raue Seewinde ab. Für sein mildes Klima war Jurata schon vor hundert Jahren bei polnischen Künstlern und Oberschichtlern beliebt.

Leuchtturm Hel (Laternia Morska)

Das legendäre Seezeichen liegt etwas außerhalb des Ortskerns, doch es lohnt sich, die Wendeltreppe des 42 m hohen Leuchtturms hinaufzuklettern. Weit fliegt die Sicht hinaus auf die Ostsee und die »putzige« Wiek. *ul. Bałtycka 3, Di–So 10–17 Uhr (nur im Sommer)*

Władysławowo (Großendorf)
Das Tor der Nehrung, im Sommer heillos überlaufen: Władysławowo ist ein populärer Badeort, trotz des größten Hochseefischerhafens Polens, der die nach König Wladislaw IV. benannte Stadt prägt. Einen Besuch wert ist die *Mariä-Himmelfahrts-Kirche.* Dass hier zu Fischern gepredigt wird, ist nicht zu übersehen. Die Kanzel sieht aus wie ein Schiff.

MUSEEN

Fischereimuseum Hel (Muzeum Rybacki)
Die gotische Kirche mit dem kantigen hölzernen Turmaufsatz beherbergt ein kleines, sehenswertes Fischereimuseum. Historische Kähne und Kutter säumen die Straße und den Friedhof. *Di–So 10–16 Uhr, Bulwar Nadmorski 2*

Fischerkate Jastarnia (Chata Rybacka)
Was heute romantisch verklärt wird, war einst hartes, karges Leben: Die originalgetreu erhaltene und mit historischem Hausrat ausgestattete Fischerkate vermittelt einen lebensnahen Eindruck vom Alltagsleben der Nehrunger im 19. Jh. *Mo–Fr 9–13 Uhr, ul. Rynkowa 8*

ESSEN & TRINKEN

Captain Morgan
Das maritime Interieur des urigen Pubs an der Seepromenade von Hel kommt nicht von ungefähr. Fischspezialitäten und Meeresfrüchte dominieren die Karte. Zum Haus gehört auch ein kleines, günstiges Hotel *(12 Zi.). ul. Wiejska 21, Tel. 058/675 00 91, www.captainmorgan.hel.org.pl,* €–€€

Mandarin
Das Restaurant des chinesisch gestylten Luxushotels *Pekin* serviert erlesene europäische Küche und asiatische Spezialitäten. *ul. Niepodległości 14, Władysławowo, Tel. 058/674 88 88,* €€€

MARCO POLO Highlights »Stolp und Kaschubei«

★ **Ustka (Stolpmünde)**
Malerisches Küstenstädtchen mit eigenem Kapitänsviertel (Seite 71)

★ **Greifenschloss (Zamek)**
Einst des Herzogs Residenz, heute sein Museum in Słupsk (Seite 68)

★ **Mierzeja Helska (Halbinsel Hel)**
Die bizarre Nehrung wird im Sommer zum Badeparadies (Seite 63)

★ **Słowiński-Nationalpark**
Wüstenwandern in der polnischen Sahara (Seite 70)

ÜBERNACHTEN

Obwohl die Nehrungsdörfer aus einer Ansammlung von Hotels, Pensionen und zahllosen Privatzimmern zu bestehen scheinen, ist in der Hochsaison oft alles ausgebucht. Da hilft nur früh reservieren, im Sommer am besten einen Monat im Voraus.

Bryza
Das Luxushotel bietet exklusiven Komfort von der Spa-Schönheitsfarm bis zum eigenen Tennisplatz. Die meisten Zimmer haben Meerblick, das Haus liegt an der Promenade von Jurata. Schöner Garten. *112 Zi., ul. Świętopełka 1, Tel. 058/675 51 00, Fax 675 54 80, www.bryza.pl,* €€€

Camping
Auf den fünf Campingplätzen der Nehrung finden Sie nicht nur Quartier für Zelt und Wohnmobil, sondern können auch kleine Holzhütten oder einfache Zimmer mieten. Detaillierte Infos über alle Angebote: *www.pfcc.info.* Empfehlenswert ist der Campingplatz *Małe Morze* in Chałupy mit 300 Stellplätzen, sauberen Apartments und riesigem Freizeitangebot von Ballspielplätzen bis zur Surfschule. *ul. Droga Helska, Tel. 058/674 12 31, Fax 674 41 60, www.malemorze.pl*

Insider Tipp

Neptun
Neues Strandhotel in Jurata mit 90 modern und behindertengerecht eingerichteten Zimmern, Restaurant und Bar im stimmungsvollen Kaminraum. Hallenbad, Sauna, Fitnessraum. *ul. Mestwina 38, Tel. 058/675 62 62, Fax 675 63 63, www.hotelneptun.gda.pl,* €€

Pirts
Kleines, freundlich geführtes Familienhotel im Zentrum von Władysławowo, beliebt wegen seiner gemütlichen, sauberen Zimmer und der günstigen Preise. *16 Zi., ul. Necla 52, Tel. 058/674 27 52, Fax 674 05 02,* €

FREIZEIT & SPORT

Windsurfen
Die Halbinsel ist ein Mekka der Wind- und Kitesurfer. An den Stränden bei Jurata, Jastarnia, Władysławowo und Hel kann man im Sommer Boards ausleihen.

AUSKUNFT

Tourismusbüro Hel
ul. Wiejska 62, Tel./Fax 058/675 10 10, www.hel.com.pl, Mai bis Sept. Mo–Fr 12–20 Uhr

Tourismusbüro Jastarnia
ul. Stefańskiego 47, Tel. 058/675 20 97, Fax 675 23 40, Mai bis Sept. tgl. 8–20 Uhr

ZIELE IN DER UMGEBUNG

Jastrzębia Góra (Habichtsberg) **[112 A1]**
Weiße Sandstrände, flache Buchten, gesäumt von wildromantischer Steilküste: Seit hundert Jahren sonnt sich das einstige Habichtsberg, 10 km nordwestlich von Hel, im Ruf eines mondänen Seebades. Weitere 2 km westlich liegt *Rozewie (Rixhöft)*. Eine Wanderung lohnt sich nicht nur wegen des dort 53 m aufragenden Kliffs – Kap Rozewie markiert auch den nördlichsten Punkt Polens. Wagen Sie den Aufstieg auf den 1821 erbauten

Insider Tipp Leuchtturm, ein atemberaubender Blick bis zu 40 km hinaus in eine tiefblaue Weite wird Sie belohnen. So groß ist die kleine Ostsee! *Muzeum Latarnictwa, tgl. 10–13 und 15–18 Uhr*

Puck (Putzig) **[112 A1]**

Schmucke, bunt gestrichene Bürgerhäuser säumen den Marktplatz, dahinter lugt die gotische Peter-und-Paul-Kirche hervor, im Hafen drängen sich Fischerboote, Ausflugsschiffe, Segelyachten. Die Mischung aus Kleinstadtflair und maritimer Offenheit macht Puck zu einem der reizvollsten Ausflugsziele an der kaschubischen Küste. Alljährlich am 29. Juni wandelt sich das alte Putzig in einen festlich geschmückten Wallfahrtsort. Dann pilgern die Fischer in ihren Booten von Hel aus nach Puck. Vom Hafen zieht die Prozession, angeführt vom Danziger Bischof, zur Messe in die Kirche. *www.miasto.puck.pl*

SŁUPSK (STOLP)

Karte auf Seite 115

[110 B2] Handel, Hanse, Herzogsburg: Słupsk (105 000 Ew.) hat früh Karriere gemacht. Mit einem lukrativen Platz an der Fernhandelsstraße zwischen Danzig und Stettin und eigenem Ostseehafen gesegnet, stieg die 1310 zur Stadt erhobene Slawenburg Stolp schon im Mittelalter zu Wohlstand und Macht auf. Eine zweite Blüte erlebte Stolp im 19. Jh., stattliche Bürgerhäuser und elegante Villen erinnern daran. Dem Aufstieg folgte die Katastrophe: Im Frühling 1945 versank Pommerns »Klein-Paris« in Schutt und Asche, als die Rote Armee den Ort niederbrannte – trotz kampfloser Kapitulation. Glücklicherweise wurde viel Historisches wieder aufgebaut, und so durchweht die Altstadt jenseits der unvermeidlichen

Einst Tor zum Fischmarkt, heute milder duftend: das Stolper Mühlentor

sozialistischen Wohnkasernen immer noch mehr als nur ein Hauch romantischer Eleganz.

SEHENSWERTES

Fischmarkt (Rynek Rybacki)
Der Weg vom Schloss durch das Mühlentor *(Brama Młyńska)* führt auf den mittelalterlichen Fischmarkt, wo Sie im Fachwerkspeicher in eine romantische Insider Tipp Teestube einkehren können. Die beliebte *Herbaciarnia w Spichlerzu* empfiehlt sich mit 150 Tee- und vielen Kaffeesorten, leckerem Kuchen und Desserts *(Rynek Rybacki, €)*.

Greifenschloss (Zamek)
★ Der Renaissancebau (1507 bis 1587), ursprünglich eher einer Festung ähnelnd als einem Schloss, wurzelt in einer machtvollen Zeit. Stolp war fast zweihundert Jahre Residenz pommerscher Herzöge. Beim Wiederaufbau des 1945 abgebrannten Schlosses verlor die Fassade leider ihre filigrane Pracht. Die von Dominikanermönchen gegründete gotische *Schlosskirche (Kościół św. Jacka)* birgt einen Altar im Stil der Hochrenaissance. Zwei Grabinschriften aus schwarz-weißem Marmor gedenken der Herzogin Anna von Croy (1660) und Herzog Ernst Bogislaw (1684). Im Sommer finden in der Schlosskirche fast wöchentlich Konzerte auf der Barockorgel statt *(meist Donnerstagabend, Termine vor Ort oder im Tourismusbüro). ul. Dominikańska 5, Di–So 10–16 Uhr*

Hexenbastei (Baszta Czarnowiec)
Zum Glück sind jene finsteren Zeiten Geschichte, in denen man im Turm des Festungswalls vermeintliche Hexen einsperrte, um sie einen qualvollen Tod auf dem Scheiterhaufen sterben zu lassen. 1701 wurde letztmals eine junge Frau hingerichtet. Heute beherbergt der halbrunde Backsteinturm unter dem aufragenden Schindeldach eine Kunstgalerie. *ul. F. Nullo 13*

Marienkirche (Kościół Mariacki)
So wuchtig, wie die im 14. Jh. erbaute »dicke Marie« mit ihrem gedrungenen Turm äußerlich wirkt, so sehr überrascht sie im Innern mit filigranen Sterngewölben und üppigem Barockrausch. *ul. Łukasiewicza*

Neues Rathaus (Nowy Ratusz)
Preußische Beamtengotik. Im 60 m hohen Turm des 1901 erbauten Rathauses erklingt zu jeder vollen Stunde ein Glockenspiel, in der Backsteinfassade prangt Pommerns Wappen, innen erzählen Deckengemälde und schöne Buntglasfenster Etappen der Stadtgeschichte. *Pl. Zwycięstwa 1, Besichtigungen tgl. 8–15 Uhr*

MUSEUM

Museum Mittelpommerns (Muzeum Pomorza Środkowego)
Eine riesige kunstvolle Pommernkarte, 1612 in Amsterdam gefertigt, stimmt ein auf die interessante Ausstellung pommerscher Geschichte und Kunst in den Räumen des Greifenschlosses. Nicht verpassen sollte man die Insider Tipp Pastellzeichnungen des Malers Stanislaw Ignacy Witkiewicz (1885–1939) im Obergeschoss. »Witkacy«, der Exzentriker unter den Künstlern der polnischen

Zwischenkriegszeit, notierte auf jedem seiner Bilder Sorte und Menge der Droge, die er während des Malens intus hatte. *Di–So 10–16 Uhr, ul. Dominikańska 5*

ESSEN & TRINKEN

Anna de Croy
Im exklusiven Schlossrestaurant wird in edlem Ambiente polnisch und französisch aufgetischt. *ul. Dominikańska 5, Tel. 059/848 16 50,* €€€

Insider Tipp

Karczma Pod Kluką
Slowinzische und kaschubische Köstlichkeiten nach alten Rezepten sind die Spezialität dieses im rustikalen Fachwerkstil eingerichteten Restaurants. Probieren Sie die Nusssuppe! *ul. Kaszubska 22 (an der Straße nach Łeba), Tel. 059/842 34 69,* €€

EINKAUFEN

Neues Tor (Nowa Brama)
Vieles ist das Tor in seiner 700-jährigen Geschichte gewesen: Bastion, Gefängnis, Wollspinnerei. Heute beherbergt es eine Galerie, in der Sie Malerei, Kunsthandwerk, kaschubische Keramik und Schmuck kaufen können. *Pl. Zwycięstwa 13*

Insider Tipp

ÜBERNACHTEN

Mikołajek
Die PTTK-Herberge liegt ein paar Minuten außerhalb des Stadtzentrums an der Słupia, sehr beliebt bei jungen Leuten, weil unschlagbar günstig. Das Restaurant hat einen schönen Innenhof. *42 Zi., ul. Szarych Szeregów 1, Tel./Fax 059/842 29 02,* €

Piast
Die stilvoll restaurierte Gründerzeitvilla sieht mit ihren Türmchen und Erkern aus wie ein kleines Schloss. *26 Zi., ul. Jedności Narodowej 3, Tel. 059/842 52 86, Fax 842 52 94,* €€€

Staromiejski
Zentral gelegenes Altstadthotel in einem Haus der Jahrhundertwende, komfortabel und günstig. Auch das Restaurant zählt zu den besten der Stadt. *46 Zi., ul. Jedności Narodowej 4, Tel. 059/842 84 64, Fax 842 50 19, www.przymorze.com,* €€

AM ABEND

Underground
Wummernde Bässe hinter dicken Eisentüren. Der Dance-Spot von Słupsk liegt mitten in der Altstadt. *ul. Bema 9, Tel. 059/842 20 20, Fr/Sa 20–4 Uhr*

AUSKUNFT

Touristeninformation (it)
Al. H. Sienkiewicza 19, Tel./Fax 059/842 43 26, www.slupsk.pl, Mo–Fr 8–16, Juni–Sept. auch Sa 9–15 Uhr

ZIELE IN DER UMGEBUNG

Bytów (Bütow) [110 C4]
Vier Spitzen überragen das kaschubische Provinzstädtchen 48 km südöstlich von Słupsk. Es sind die Türme der mächtigen Ordensburg, die heute ein rustikales Hotel birgt *(Zamek, 29 Zi., Tel. 059/822 55 97, Fax 822 20 94,* €€*).* In einem Flügel ist das *Museum der Westkaschubei* untergebracht. Beim

Die »polnische Sahara«: Dünenwandern auf Wanderdünen krönt jede Tour im Słowiński-Nationalpark

Bummel durch die Stadt sollten Sie unbedingt die prächtig ausgestattete barocke *St. Georgskirche* anschauen. Das malerische Wald- und Seenland in der Umgebung Bytóws ist ideal für Wanderungen und Radtouren. Die Kaschubische Schweiz liegt hier vor der Haustür *(www.bytow.pl)*.

Słowiński-Nationalpark **[110 B–C1]**

★ Fast 35 km zieht sich der Nationalpark an der Ostsee hin – 180 km² wildromantische Küstennatur, ein Mosaik aus Sandheiden und würzig duftendem Kiefernwald, einsamen Stränden, Erlenbrüchen und zahllosen sumpfigen Seen, die wie die Lagunen *Gardno* und *Łebsko* einst Buchten der Ostsee waren. Zentrum des Parks sind die berühmten *Wanderdünen*, am *Łącka Góra* 42 m über dem Meer aufragend. Schon des atemberaubenden Weitblicks wegen sollten Sie eine Wanderung auf die Dünen nicht versäumen. Sie sind eigentlich Folge eines frühen ökologischen Sündenfalls. Vor 800 Jahren holzten die slawischen Ureinwohner hier den Eichenwald ab, der auf dem noch jungen Landstrich zwischen Küste und Lagunenseen wuchs. Mit verhängnisvoller Wirkung: Der Seewind setzte den Strandsand landeinwärts in Bewegung, türmte ihn auf, begann den gelichteten Wald zu verschütten. Bald hielt die wachsende Treibsandmasse nichts mehr auf, die Dünen begruben ganze Dörfer unter sich. Bis heute wandern die weißen Riesen bis zu 10 m landeinwärts.

Hauptort des Parks ist *Łeba* – ein vitales, im Sommer oft überlaufenes Fischerstädtchen mit Yachthafen, Restaurants, Cafés, Souvenirhändlern und perlweißen Stränden. Hotels und Pensionen sind im Sommer allerdings meist überfüllt. Im Tourismusbüro vermittelt man auch Privatquartiere *(ul. Dworzowa 1, Mo–Fr 8–16, Sa 8–14 Uhr, Tel. 059/866 22 88, Fax 866 22 77, www.leba.pl)*.

Swołowo (Schwolow) **[110 B2]**
»Kariertes Land« heißt die Gegend um Słupsk auch – der eigentümlich schwarz-weißen Fachwerkarchitektur wegen, in der die Slowinzen ihre Häuser bauten. Das schönste Ensemble dieser Volksarchitektur steht in Swołowo, 10 km westlich von Słupsk, auch »Dorf der kulturellen Erbschaft« genannt: ein ganzer »karierter« Bauernhof. Insider Tipp

Ustka (Stolpmünde) **[110 B2]**
★ Das kleine Küstenstädtchen, 18 km nördlich von Słupsk idyllisch an der Mündung der Słupia in die Ostsee gelegen, ist ohne die Seefahrt nicht denkbar. Jahrhundertelang war Ustka Hansestadt und Vorhafen von Słupsk. Die eleganten Villen im Kapitänsviertel zwischen Strandpromenade und Hafen, wo sich viele Fahrensleute ihre Alterruhesitze bauen ließen, und historische Fischerkaten stammen aus dieser Zeit. Insider Tipp Auch heute lebt Ustka von seinem Hafen, den sich Fischerboote mit schicken Segelyachten teilen, der Ort atmet Salzluft und das Flair eines beschaulich-agilen Ostseestädtchens. Seit über hundert Jahren zählt Ustka zu den beliebtesten Badeorten der Küste – seines weißen, von Kiefernwäldern gesäumten Strandes wegen. Vorzüglich essen kann man im beliebten *Kapitańska*, dem besten Fischrestaurant der Stadt *(ul. Dąbrowszczakowa 1, Tel. 094/814 45 26, €€)*. *Auskunft: ul. Marynarki Polskiej 87, Tel. 059/814 71 70, Juni–Aug. Mo–Sa 9–20, So 10–17, sonst Mo–Fr 9–15 Uhr*

Vertrieben aus Versehen

Von den Slowinzen ist nur der Name einer Landschaft geblieben

Viel weiß man nicht mehr von den Slowinzen, einer slawischen Volksgruppe, die seit dem Frühmittelalter die Küste rings um den Łebsko-See bewohnte und wie die benachbarten, verwandten Kaschuben einen eigenen Dialekt sprach. Die »Ostseeslawen« lebten von der Fischerei und vom Torfstechen, es war ein hartes rückständiges Leben, abgeschieden durch die von Sümpfen durchsetzte Dünenlandschaft, in der die Pferde Holzschuhe *(klumpy)* trugen, um nicht einzusinken. 1945 gingen diese Kultur und ihre alten Traditionen unter. Slowinzen, die nicht schon vor der nahenden Roten Armee aus ihrer Heimat geflüchtet waren, wurden bald darauf von den neuen polnischen Landesherren vertrieben – aus einem Irrtum heraus: Man nahm an, die evangelischen Slowinzen seien Deutsche. Heute erinnert nur noch der Name der Landschaft an ihre einstigen Bewohner.

Ritterburg und das »Troja des Nordens«

Im Land zwischen Weichsel und Haff verschmelzen polnische, baltische und deutsche Kultur

Gemächlich strömt die Weichsel, Polens Schicksalsfluss, südöstlich von Danzig in die Ostsee. Ein sanftes Urstromtal, in einem breit ausgewalzten Delta zerfließend, Kiebitze gaukeln über Niedermoor, Kühe grasen auf umdeichten Wiesen, kein Dorf, in dem nicht Störche klappern. Die Dörfer sind klein, die Felder schmal. Wenige Kilometer östlich der Weichselmündung liegt das Frische Haff – eine weite Lagune, durch die Mierzeja Wiślana (Frische Nehrung) vom Meer abgetrennt. Zwischen Weichsel und Haff begann einst das alte Ostpreußen, in dessen historischer Tiefe die Fäden polnischer, deutscher und baltischer Geschichte miteinander verschmelzen. An deren Anfang steht Truso, der sagenhafte pruzzische Handelsort, aus dem die Hansestadt Elbing wuchs, jahrhundertelang Erzrivalin Danzigs. Und wer hat nicht schon von der Marienburg gehört, einst Hauptsitz des Deutschen Ordens. Die berühmte Burg schlägt Jahr für Jahr eine halbe Million Besucher in ihren Bann. Ansonsten fließt das Leben aber so beschaulich wie die Weichsel durch das Land am Haff, dass man meint, einer verlorenen Zeit auf der Spur zu sein.

Wie das Urbild einer Ritterfestung ragt die Marienburg am Westufer der Nogat auf

Störche allerorten

Elbląg (Elbing)

[112 C4] Wie Zinnen einer Burg schmiegen sich die Giebelhäuser um die Nikolaikirche, schmale, hohe Fensterfronten, die Fassaden herausgeputzt, im Parterre werben Lädchen und Cafés. Ein schmuckes, lebensbuntes Stück Altstadt. Doch alt ist hier gar nichts. Erst vor wenigen Jahren hat man begonnen, das historische Zentrum von Elbląg (145 000 Ew.) originalnah neu aufzubauen. Eine Lücke nach der anderen schließt sich, und mit vielen

Auf dem Oberländischen Kanal müssen die Schiffe fünfmal übern Berg

kleinen architektonischen Wundern versucht die Stadt, zurückzufinden zur Schönheit des alten Elbing, das im April 1945 in einem 19-tägigen apokalyptischen Häuserkampf in Schutt und Asche sank. Die Stadt war so stark zerstört, dass man erwog, sie einzuebnen. Heute ist Elbląg das vitale Zentrum einer strukturschwachen Grenzregion, viele Menschen aus der Umgebung arbeiten hier. Touristen ließen die Stadt meist links liegen, man fuhr nach Danzig, an die Küste, nach Masuren – Elbląg mit seinen Plattenbausiedlungen hatte nichts zu bieten. Doch die Zeiten ändern sich. Die kleine, neue Altstadt lädt ein zum Bleiben und Flanieren.

SEHENSWERTES

Marienkirche (Kościół N. P. Marii)

Etwas kahl wirkt das Schiff von St. Marien am Nordrand der Altstadt – alles, was ihr Inneres einst bereicherte, ging 1945 in Flammen auf. Einen Besuch wert ist St. Marien wegen der zeitgenössischen Malerei, die heute in der als Kunstgalerie genutzten Kirche gezeigt wird. Erbaut wurde sie von Dominikanermönchen, die 1246 nahe der Stadtmauer ein Kloster anlegten. Darum heißt sie auch Dominikanerkirche. *ul. Wałowa, Mo–Fr 10–17, Sa/So 10–16 Uhr*

Insider Tipp

Markttor (Brama Targowa)

Das letzte erhaltene von einst sieben mittelalterlichen Stadttoren stammt aus der Zeit, als die Rechtsstadt noch von einer hohen Wehrmauer umgeben war. Reste sind rechts und links des 1319 erbauten Tores zu sehen. *ul. Stary Rynek 2*

Nikolaikirche (Kościół św. Mikołaja)

★ Elbląags Wahrzeichen. Aus welcher Richtung man sich der Stadt auch nähert, schon von weitem ragt der schlanke, 96 m hohe Turm der Nikolaikirche über den Giebelhäusern der Altstadt auf. Die gotische Kathedrale, erbaut 1237, ist dem Schutzheiligen der Seefahrer geweiht. Die originale Innenausstattung wurde während des Krieges fast völlig zerstört, erhalten blieben die schöne Renaissancekanzel, ein Triptychon aus dem Jahr 1510 und ein bronzenes Taufbecken. *ul. Mostowa*

AUSFLUGSSCHIFFFAHRT

Elbląg ist bekannt für seine Ausflugsschifffahrt. Die Dampfer starten vom Anleger am Rand der Altstadt zu Rundfahrten auf dem Frischen Haff, nach Krynica Morska und nach Frombork. Für Tagesausflüge mit dem Tragflächenboot nach Kaliningrad benötigen Sie ein russisches Visum, die Formalitäten erledigt das Hotel *Gromada*. Infos auch unter *www.zegluga.gda.pl*

Am reizvollsten ist eine Reise auf dem *Kanał Elbląski (Oberländischer Kanal)* nach *Ostróda*. Da die 82 km lange Wasserstraße mehr als 100 m Höhenunterschied zu bewältigen hat, wurden beim Bau des Kanals so genannte geneigte Ebenen angelegt. Das Schiff wird auf Gleisen buchstäblich über den Berg gezogen. Die fünf Landübergänge sind ein technisches Meisterwerk des 19. Jhs. Die Tour von Elbląg nach Ostróda dauert elf Stunden, für die Rückfahrt steht ein Bus bereit. *Die Schiffe verkehren Mai bis Sept. Anleger: bulwar Zygmunta Augusta 1, Tel. 055/232 42 02, www.zegluga.com.pl*

MUSEUM

Elbląg-Museum

Wer sich für die Geheimnisse aus der Frühzeit der Ostseevölker interessiert, findet hier einen Schatz: Das Museum zeigt viele archäologische Exponate aus Truso, dem sagenhaften pruzzischen Hafen- und Handelsplatz aus dem 9. Jh., aus dem die Stadt Elbing hervorging. Truso war für seinen Reichtum be- Insider Tipp

MARCO POLO Highlights »Elbing und Frisches Haff«

★ **Frombork (Frauenburg)**
Die gotische Domburg steht ganz im Zeichen des großen Astronomen Nikolaus Kopernikus (Seite 76)

★ **Malbork (Marienburg)**
Von der machtvollen Backsteinfestung aus herrschte der Deutsche Orden über sein Reich (Seite 77)

★ **Mierzeja Wiślana (Frische Nehrung)**
Die sichelschmale Landzunge trennt die Ostsee vom Haff (Seite 79)

★ **Nikolaikirche (Kościół św. Mikołaja)**
Elblągs historisches Wahrzeichen überragt die nun wieder neue Altstadt (Seite 74)

rühmt, auch die Wikinger kreuzten hier auf. Lange hielt man den Ort für eine Legende, bis Archäologen vor wenigen Jahren südöstlich von Elbląg Reste des »Troja des Nordens« ausgruben. *Di–Do 10–16 Uhr, bulwar Zygmunta Augusta 11, www.muzeumelblag.gabo.pl*

ESSEN & TRINKEN

Carillon
Bunte Mosaikfenster sind das Markenzeichen des feinen kleinen Cafés an der Nikolaikirche. *ul. Mostowa 2, Tel. 055/641 25 11, €€*

Pod Aniołami
»Unter Engeln« heißt diese rustikale Altstadtkellerkneipe, deftig-polnisch ist die Küche. Man serviert aber auch international, mit Vorliebe für mexikanische und südamerikanische Spezialitäten. *ul. Rybacka 23, Tel. 055/236 17 26, €€*

Słowiańska
Das Edelrestaurant am Rand der Altstadt zählt zu den ersten gastronomischen Adressen Elblągs und ist für seine altpolnischen Spezialitäten berühmt. *ul. Krótka 4, Tel. 055/232 42 78, €€€*

Strzecha
Italienisch-leichte Kost im urgemütlichen Flair einer Alt-Elbinger Schänke. Große Auswahl an Pizza und Pasta zu sehr günstigen Preisen. *ul. Studzienna 4, Tel. 055/232 09 33, €*

ÜBERNACHTEN

Gromada
Elblągs bestes Hotel (ehemals »Elzam«) bietet hinter repräsentativer Fassade gediegenen Viersternestandard. Ein Hit ist das von einer Glaskuppel überwölbte Atrium. Das Hotel organisiert Tourenprogramme und Ausflüge nach Kaliningrad. *112 Zi., Pl. Slowiański 2, Tel. 055/230 61 91, Fax 232 40 83, www.hotele.gromada.pl, €€*

Młyn
Inside Tipp
Sie wohnen stilvoll-rustikal in der alten Strauchmühle, einer restaurierten Wassermühle aus dem 18. Jh. *25 Zi., ul. Kościuszki 132, Tel. 055/235 04 70, Fax 235 04 71, www.hotelmlyn.com.pl, €€*

Żuławy
Das frisch renovierte Mittelklassehotel liegt etwas abseits an der Straße nach Frombork, doch es ist günstig und beliebt, auch wegen seiner familiären Atmosphäre. Das Restaurant *Żulawianka* gehört zu den besten der Stadt. *28 Zi., ul. Królewiecka 126, Tel. 055/234 57 11, Fax 232 32 51, www.hotel-zulawy.com.pl, €*

AUSKUNFT

Tourismusinformation
ul. Czerwonego Krzyża 2 (Altstadt), Tel./Fax 055/232 42 34, www.it.elblag.com.pl, Mo–Fr 8–16 Uhr

ZIELE IN DER UMGEBUNG

Frombork (Frauenburg) **[113 D3]**
★ Einer Festung ähnlich thront der *Frauenburger Dom* über den Dächern des Haffstädtchens (3000 Ew.) 30 km nordöstlich von Elbląg. Mit ihren nadelschlanken Türmen und dem filigran verzierten Giebel zählt die 1388 geweihte Kathedrale zu den schönsten goti-

Des Kaisers Nobelgestüt Kadyny bietet wieder Ferien im Sattel an

schen Sakralbauten an der Ostsee. Das Innere ist vom Barock geprägt, atemberaubend schön der Hauptaltar. Die Orgel ist landesweit berühmt für ihren Klang, im Sommer finden hier jeden Sonntag Orgelkonzerte statt. In dem barocken Rausch fällt das kostbarste Stück, der Flügelaltar von 1504, kaum auf. In Frombork wirkte fast fünf Jahrzehnte lang Nikolaus Kopernikus. Eine Gedenktafel am Nordostpfeiler der Kathedrale erinnert an den Domherrn und berühmten Astronomen. Phantastisch ist der Ausblick aus 70 m Höhe auf Stadt und Haff *(Mai–Sept. tgl. 9–17, sonst 9 bis 15.30 Uhr, www.frombork.pl)*.

Insider Tipp

Kadyny (Cadinen) **[113 D3]**

Eingebettet in die hügeligen Wälder am Haff, verbirgt sich 20 km nordöstlich von Elbląg ein vornehmes Landschloss: *Kadyny*. Gelungen restauriert, erstrahlt es heute wieder wie zu Zeiten Kaiser Wilhelms II., der das Anwesen 1901 zur Sommerresidenz ausbauen ließ. Hinter der edlen Fassade residiert ein Viersternehotel *(Country Club Kadyny, 33 Zi., Tolkmicko, Tel. 055/ 321 61 20, Fax 321 62 00, www.kadyny.com.pl, €€)*. Fast alles in Kadyny dreht sich ums Reiten: Das angeschlossene *Gestüt* mit seinen 170 Rassepferden zählt zu den besten Polens.

Die Geschichte des Ortes reicht bis in das 13. Jh. zurück. Damals siedelten hier Franziskanermönche. Die Ruinen ihres *Klosters* sind erhalten, es soll wieder aufgebaut werden. Kadynys Wahrzeichen ist eine über tausend Jahre alte *Eiche*. Ihr Stammumfang: 10 m.

Insider Tipp

Malbork (Marienburg) **[112 B–C4]**

★ Machtvoll ragt die größte mittelalterliche Burganlage Europas am Ufer der Nogat auf, eine Ritterfestung wie aus dem Bilderbuch der Hochgotik. Zwei Jahrhunderte regierte der Deutsche Orden von hier aus sein Imperium, die mächtigste der etwa 150 Burgen des Ordens

Nahe ferne Ostsee

Elbing hat einen traditionsreichen Hafen, aber der Zugang zum Meer ist versperrt

Das alte Elbing war als Schiffbaustadt berühmt. Elbings Hafen zählte zu den wichtigsten Umschlagplätzen an der Ostsee. Schwer leidet die Stadt darunter, heute vom freien Zugang zum Meer getrennt zu sein: Die Öffnung des Haffs zur Ostsee, das so genannte Pillau-Tief bei Baltijsjk, liegt in Kaliningrader Gebiet und ist Militärsperrgebiet, weil dort die russische Ostseemarine stationiert ist. Um aus der Isolation auszubrechen, kämpft Elbląg jetzt dafür, einen Kanal durch die Frische Nehrung zu baggern – bei Krynica Morska, wo die Landzunge noch im frühen Mittelalter offen war. Dann wäre Elbląg wieder eine echte Hafenstadt.

galt als uneinnehmbar. Erst 1457 fiel sie der polnischen Krone in die Hände – kampflos. Die Mönchsritter, militärisch geschwächt und finanziell am Ende, konnten ihre Söldner nicht mehr bezahlen. Der Stern des Ordensstaates begann zu verlöschen.

Die Burg besteht aus drei Teilen: Vorburg, Mittel- und Hohes Schloss. Das *Mittelschloss (Zamek Średni)* birgt die Gemächer des Hochmeisterpalastes und den prächtigen *Großen Remter*. Deckenhohe Maßwerkfenster tauchen das Sterngewölbe dieses seinerzeit größten Rittersaales Europas in magisches Licht. Herz der Marienburg und ihr ältester Teil ist das um 1280 erbaute *Hohe Schloss (Zamek Wysoki)*. In seinem reich ausgeschmückten *Kapitelsaal* tagte der Rat des Ordens, hier fielen Entscheidungen, die Städte wachsen und Länder in Krieg versinken ließen. Ein architektonischer Schatz ist die *Goldene Pforte (Brama Złota)*, das spitzbogige Portal zur *Burgkirche St. Marien* (13. Jh.). Es zeigt Fabelwesen und Motive des Jüngsten Gerichts. Als krönender Abschluss eines Burgbesuchs empfiehlt sich ein Aufstieg auf den *Hauptturm*. Der Blick über die Burg, Stadt und Nogat-Niederung ist atemberaubend.

Man mag kaum glauben, dass der größte Teil dieser imposanten Anlage eine Kopie ist: Die Marienburg fiel 1945 fast vollständig in Trümmer und wird seit Jahrzehnten von polnischen Restauratoren originalgetreu wieder aufgebaut. Heute birgt die Burg, von der Unesco als Teil des Weltkulturerbes geadelt, historische Schätze von mittelalterlichen Ritterrüstungen bis zu einer sehenswerten *Bernsteinsammlung*. Ratsam ist die Teilnahme an einer Führung (auch auf Deutsch). Wirklich unvergesslich wird der Besuch der Burg, wenn Sie eine der Nachtvorführungen (Insider Tipp) *(Son-et-lumière, swiatło i dzwiek)* miterleben *(Mai–Sept. 21.30 Uhr, mind. 40 Teilnehmer)*. Untermalt von geschickten Toneffekten, erfahren Sie die Geschichte der Burg.

Ein Spektakel, zu dem Tausende Besucher anreisen, ist das alljährlich Ende Juli veranstaltete Festival *Die Belagerung der Marienburg* mit Mittelalterjahrmarkt, Ritterspielen, Gauklertheater und viel Musik. Höhepunkt ist die nächtliche Erstürmung. *Burg tgl. 8–20 Uhr, Museen Di–So 9–17 Uhr, Tel. 055/647 08 02, www.malbork.pl*

Gleich neben dem Haupteingang kann man im Schlosshotel *Zamek* komfortabel übernachten *(42 Zi., ul. Staroscińska 14, Tel. 055/272 84 00, Fax 272 33 67, www.hotel-zamek.e-tur.com.pl, €€–€€€)*. Das Restaurant *Zamkowa* bietet im rustikalen Ambiente eines gotischen Spitals polnische Spezialitäten *(Tel. 055/272 27 38, €€€)*.

Mierzeja Wiślana (Frische Nehrung) **[112–113 C–D3]**

★ Wie eine Sichel verläuft die Landzunge von *Katy Rybacki (Bodenwinkel, 30 km nördlich)* aus in sanftem Schwung nach Nordosten, das Frische Haff von der Ostsee trennend: 70 km lang, aber nur zwischen 400 m und 2 km schmal. Auf der Hälfte zerschneidet eine schwer bewachte Grenze den Kiefernwald. Die nördliche Hälfte der Nehrung liegt schon in der russischen Exklave Kaliningrad. Die Strände der Nehrung gehören zu den feinsten der Ostsee. *Krynica Morska (Kahlberg)*, mit 1300 Ew. größter Ort der Nehrung, hat sich zu einem beliebten Badeort entwickelt. Dort ist der Strand im Sommer oft hoffnungslos überfüllt. Zur Übernachtung empfiehlt sich das *Hotel Kahlberg (20 Zi., ul. Bosmańska 1, Tel. 055/247 60 17, Fax 233 56 29, www.kahlberg.mierzeja.pl, €–€€)*. Die Touristeninformation vermittelt Privatquartiere *(Tel./Fax 055/247 63 76, www.krynicamorska.pl, Mo–Sa 10–19, So 14–19 Uhr)*.

Frisches Haff, frischer Fisch: Der Fang wird gleich am Strand sortiert

Pommernland und kaschubische Reise

Die Touren sind in der Karte auf dem hinteren Umschlag und im Reiseatlas ab Seite 108 grün markiert

1 UNTERWEGS IM ALTEN ORDENSLAND

Die Tour folgt östlich von Danzig den mittelalterlichen Spuren der Ordensritter und führt an Orte, die die dunkelste Seite polnisch-deutscher Beziehungen symbolisieren: In Sztutowo (Stutthof) ermordeten SS-Schergen Zehntausende Polen und Juden aus ganz Europa. Das Frische Haff, an dem die Tour entlangführt, weckt Erinnerungen an die ostpreußischen Flüchtlingstrecks, die im eisigen Januar 1945 vor der Roten Armee flüchteten. Für die 140 km lange Tour sollten Sie zwei Tage einplanen.

Die Fahrt beginnt in Danzig, zweigt ein paar Kilometer südöstlich der Stadt von der A7/E77 (Richtung Elbląg) ab und verläuft nun zunächst im Mündungsdelta der Weichsel nah an der Danziger Bucht entlang. Im freundlich-verschlafenen Fischerdorf *Świbno* setzt eine alte Seilfähre über die Weichsel, ein originelles Erlebnis. Kurz darauf ist *Jantar* erreicht. Schon der Name deutet auf den Reichtum des Ortes hin: *Jantar* ist ein altes slawisches Wort für Bernstein. Alljährlich Ende August werden hier die Weltmeisterschaften im Bernsteinfischen ausgetragen. Im benachbarten *Stegna*, der nächsten Station der Tour, ist die barock ausgestattete Fachwerkkirche einen Zwischenstopp wert. Ganz nah von hier an der Küste liegt *Kąty Rybackie*, wegen seiner riesigen Kormoran- und Graureiherkolonie ein Mekka für Ornithologen. Insider Tipp

Nach wenigen Kilometern erreichen Sie *Sztutowo*, einen beliebten Badeort, über dem ein finsterer Schatten lastet: Das ehemalige Konzentrationslager Stutthof befindet sich hier. Von 1939 bis Kriegsende ermordeten die Nazis in Stutthof etwa 80 000 Menschen, anfangs Vertreter der polnischen Führungselite, später jüdische Frauen aus ganz Europa. Sie starben in bestialischen Experimenten, in den Gaskammern, nach der Evakuierung im Januar 1945 auf den berüchtigten Todesmärschen. Die apokalyptische Stätte ist heute Museum und

Steile Waldkliffe, endlose Strände: So präsentiert sich die pommersche Küste bei Niechorze

Erinnerungsort. In einer der alten Häftlingsbaracken dokumentieren Filme erschütterndes, unvorstellbares Grauen *(Muzeum Martyrologii, Mai–Sept. Di–So 8–18, sonst 8–15 Uhr, Kinder unter 13 Jahren haben keinen Zutritt, www.stutthof.pl)*.

Bei Sztutowo beginnt die *Frische Nehrung (S. 79)*, die Tour zweigt aber nach Süden ab und führt durch das melancholische, sanfte Wiesenland der Weichselniederung, bei Nowy Dwór Gdański die A7 kreuzend, nach *Malbork (S. 77)*. Schon von weitem überragt der Turm der Marienburg das flache Land. Genießen Sie den Panoramablick vom gegenüberliegenden Ufer der Nogat aus, der auf den Besuch der mächtigen gotischen Burganlage einstimmt.

Von Malbork geht es nun in Richtung *Elbląg (S. 73)*, das nach 35 km erreicht ist und sich je nach Reiseplanung als Zwischenstopp empfiehlt. Auch das alte Elbing, als mittelalterliche Hansestadt dem mächtigen Danzig einst fast ebenbürtig, wuchs im Schutz einer Ritterburg, von der freilich nur noch Mauerreste blieben: zu besichtigen im Hof des *Regionalmuseums (S. 75)*. Machen Sie einen Bummel durch die wieder aufgebaute Altstadt. Reizvoll ist auch ein Schiffsausflug auf das *Frische Haff (S. 73)*.

Dem Haff nähert sich nun auch die Tour wieder. Die Straße in Richtung *Tolkmicko* führt durch eine anmutige, bewaldete Moränenlandschaft. Der Naturpark *Park Krajobrazowy Wzniesienie Elbląskie* ist ein beliebtes Wanderrevier, v. a. rings um das Dorf *Suchacz* gibt es gute ausgeschilderte Wanderrouten. Achten Sie auf die blau-weißen Tafeln am Wegrand.

Ein Kleinod am Haff ist *Tolkmicko*, ein Fischerdorf mit 600-jähriger Geschichte: nicht nur des *Landschlosses Kadyny (S. 77)* wegen, sondern weil hier der Brauch der Holzschnitzerei lebt. Im Sommer werden die schönsten Werke an der Straße ausgestellt, man findet originelle Souvenirs. Auch die traditionelle Keramik, einst berühmt als »Cadiner Majolika«, ist wieder zu haben. Hinter Tolkmicko kommen Sie an die Hauptstrecke nach *Frombork (S. 76)*, dem Ziel der Tour.

2 RUNDFAHRT DURCH DAS LAND DER KASCHUBEN

Westlich von Danzig und Gdynia beginnt das Land der Kaschuben, eines slawischen Bauern- und Fischervölkchens, das sich durch die Jahrhunderte trotz aller Bedrängnis erst von deutscher, dann von polnischer Seite mit seinen Traditionen, seiner Kultur und Sprache behauptete. Die etwa 170 km lange Tour führt von Danzig aus als Rundfahrt durch die schönsten Gebiete dieser wundervollen Landschaft. Zu empfehlen ist ein Zwischenstopp im Słowiński-Nationalpark. Planen Sie für die Tour zwei Tage ein.

Schon wenn Sie Danzig auf der ansteigenden Straße 219 nach Osten in Richtung Żukowo/Kartuzy verlassen, wird klar, wohin die Reise geht: in die *Kaschubische Schweiz, Szwajcaria Kaszubska* geheißen. Erstes Ziel auf der kurvigen Berg-und-Tal-Fahrt durch das bewaldete, wie unberührt scheinende Hügelland ist nach etwa 30 km *Kar-*

Ort langer Schatten: die KZ-Gedenkstätte Stutthof

tuzy, die heimliche Hauptstadt der Kaschubischen Schweiz, gegründet im 14. Jh. von den strenggläubigen Mönchen des Kartäuserordens. Nehmen Sie sich Zeit, das *Ethnografische Museum* zu besichtigen. Hier erfahren Sie viel über die Traditionen der Kaschuben, ihr Kunsthandwerk, die berühmten Stickereien, sehen aber auch Kurioses wie Vogelscheuchen und Teufelsgeigen *(Mai–Sept. Di–Sa 9–16, So 9–14, sonst Di–So 9–14 Uhr)*. Einen Besuch wert ist auch die gotische *Klosterkirche*: Ihre Wände sind mit Ledertapeten verziert.

Auf der Weiterfahrt lohnt sich ein kurzer Umweg nach Südwesten über Ręboszewo nach *Chmielno, (Ludwigsdorf)*, 10 km westlich im schönsten Teil der Seenplatte gelegen. Chmielno ist nicht nur als Hochburg des Wasserwanderns bekannt (hier kann man zu Kanutouren auf zehn miteinander verbundenen Seen starten), sondern auch als Zentrum der kaschubischen Keramik. Fragen Sie nach der Werkstatt der Töpferfamilie Necel!

Nach der Rückkehr auf die Straße 219 geht die Tour weiter durch das Herz der Kaschubischen Schweiz, in fast jedem Tal zwischen den Hügelketten schimmern eiszeitliche Rinnenseen. In Sierakowice biegen Sie auf die 214 in Richtung Norden ab und erreichen nach 40 km *Lębork*, das alte Lauenburg. An die mittelalterliche Burgstadt erinnern heute noch Reste der zinnenbesetzten Wehrmauer und Teile der um 1360 erbauten Ordensburg. Sehenswert: die spätgotische Hallenkirche *St. Jakob (Kościoł św. Jakuba)* am Marktplatz.

Von Lębork sind es noch einmal knapp 35 km bis an die Küste in das Fischerstädtchen *Łeba (S. 70)*, berühmt durch seine Wanderdünen und den *Słowiński-Nationalpark (S. 70)*. Hier empfiehlt sich ein längerer Zwischenstopp, der Nationalpark bietet sehr gut markierte Wanderrouten entlang der Küstenseen und auf die Dünen. Wer sich für die Geschichte der Slowinzen interessiert, sollte einen Ausflug zum *Freilichtmuseum Slowinzisches Dorf* in

Kluki am westlichen Ufer des Lebsko-Sees unternehmen. Es bewahrt Zeugnisse aus dem Leben des Fischervölkchens, das hier bis 1945 lebte *(Mai–Sept. tgl. 10–18 Uhr)*.

Von Łeba aus geht's nun auf die letzte Etappe der Kaschubenfahrt – nach Osten auf die Küste der *Halbinsel Hel* *(S. 63)* zu, einen der Höhepunkte der Polnischen Ostseeküste. In *Żarnowiec* sollten Sie einen Zwischenstopp an einem Kloster aus dem 12. Jh. einlegen, in dem heute Benediktinerinnen leben. Man darf das Kloster besuchen, muss während der Besichtigung aber – den Klosterregeln entsprechend – schweigen. Von Żarnowiec ist es nicht weit an die Küste: Nach 5 km kommen Sie nach *Dębki*, bekannt als malerisches Fischerdorf und durch Polens berühmtesten FKK-Strand. Auf der Hauptstrecke erreichen Sie 10 km weiter *Krokowa*. Das in seinen Ursprüngen mittelalterliche, im 17. Jh. barock überformte *Schloss der Grafen von Krockow* beherbergt seit 1993 eine europäische Begegnungsstätte: das *Kaschubische Kulturzentrum Krokowa*. Hier sind im Sommer oft interessante Ausstellungen zu sehen. Im Schlossrestaurant *Zamek* lässt es sich fürstlich speisen, serviert werden hier natürlich kaschubische und polnische Spezialitäten *(ul. Zamkowa 1, Tel. 058/774 21 11, www.centrum.home.pl, €€–€€€)*. Dann endlich: Meer in Sicht. *Jastrzębia Góra* *(S. 66)* lockt mit seiner Steilküste und dem herrlichen Strand nicht nur zum Kliffwandern und Baden, sondern auch zum Bleiben. Von Władysławowo führt die Tour über Puck und Reda dann wieder zurück in die Dreistadt.

Insider Tipp

3 ENTLANG DER POMMERSCHEN KÜSTE

Endlose Naturstrände, Kiefernwälder und Backsteinkirchen – eine Fahrt entlang der pommerschen Küste führt durch eine Landschaft sanfter Schönheit. Das Land ist wie die Menschen, die hier leben: zurückhaltend, ein bisschen in sich gekehrt. Die insgesamt etwa 90 km lange Tour beginnt in Międzyzdroje (Misdroy) und führt auf Nebenstrecken küstennah nach Kołobrzeg (Kolberg). Sie ist an einem Tag bequem zu schaffen.

In *Międzyzdroje* *(S. 50)*, dem exklusiven Seebad auf der Insel Wollin, beginnt die Fahrt auf der idyllisch durch geschützten Kiefernwald verlaufenden Küstennebenstraße 102. Die steigt zunächst mit der schroffen Steilküste an und eröffnet an mehreren Stellen bezaubernde Aussichten auf die Ostsee. Kurz hinter Międzyzdroje liegt an der Straße ein Parkplatz, an dem der Wanderweg zum *Wisentreservat* *(S. 92)* beginnt. Erste Station der Tour ist *Dziwnów*, ein schön auf einer schmalen Landzunge gelegenes ehemaliges Fischerdorf. Eine Zugbrücke verbindet beide Ortsteile und die Insel Wollin mit dem Festland. Dziwnów hat sich in den letzten Jahren zu einem der beliebtesten pommerschen Seebäder gemausert, fest in der Hand des Tourismus und der Ausflugsschifffahrt *(Auskunft: ul. Szosowa 5, Tel./Fax 091/381 35 62, www.dziwnow.pl)*.

Die Straße führt nun immer nah an der Küstenlinie entlang, alle paar Kilometer laden Campingplätze zum Bleiben ein. Eine solche Perle

Auf Sand gebaut: vergängliche Kunst am Strand von Jastrzębia Góra

noch halbwegs stiller Badeorte ist *Pobierowo*, etwa 10 km hinter Dziwnów. Kurz darauf steht ein sagenumwobener Mauerrest am Steilufer: die *Kirchenruine von Trzęsacz*, hart am Kliff thronend. Einst stand sie 2 km vom Ufer entfernt. Das Dorf Hoff, zu dem die gotische Kirche (1277) gehörte, hat das Meer längst verschlungen. In wenigen Jahren wird auch die Ruine verschwunden sein. Unweit von Trzęsacz lohnt sich ein Stopp in *Niechorze* – raue Steilküste verleiht dem Fischerdorf ein nordisches Flair. Von der Galerie des 1866 erbauten Leuchtturms aus blickt man bei klarem Wetter bis hinüber auf die dänische Insel Bornholm. Niechorze ist durch eine Schmalspurbahn mit *Trzebiatów* verbunden, der nächsten Station der Küstentour. Das Wahrzeichen der einstigen Hansestadt ist nicht zu übersehen: Schlank überragt der 90 m hohe Turm der *Marienkirche* die Häuser. In der Kirche predigte Johannes Bugenhagen, Freund Martin Luthers und einer der bedeutendsten Träger der Reformation in Pommern. Trzebiatów lohnt mit seinem barocken *Rathaus*, schmucken *Bürgerhäusern* und Teilen der mittelalterlichen *Stadtmauer* einen Spaziergang. Verlaufen kann man sich dabei kaum: Die rote Linie eines Stadtwanderweges auf dem Gehweg führt zu allen Sehenswürdigkeiten. Von Trzebiatów bietet sich ein Abstecher in das 9 km nördlich gelegene *Mrzeżyno* an. Bauhauskünstler Lyonel Feininger ließ sich hier während mehrerer Sommerurlaube von der herrlichen Küstennatur inspirieren. Das ehemalige Deep ist ein guter Ausgangspunkt für Wanderungen in das *Küstenreservat des Kamper Sees (Resko-Przymorskie)*. Zurück auf der Hauptstraße, sind es von Trzebiatów noch ca. 40 km bis *Kołobrzeg (Kolberg, S. 53)*, dem Ziel der Reise.

Wracktauchen und Forellen angeln

Wasser spielt bei den Angeboten für einen aktiven Urlaub an der Küste natürlich eine tragende Rolle

Die Angebote für einen Aktivurlaub haben sich in den letzten Jahren erheblich verbessert. Wer seine Ferien an der Polnischen Ostseeküste nicht nur am Strand in der Sonne liegend verbringen will, kann Segeltörns buchen, surfen, tauchen, in glasklaren Flüssen Forellen angeln oder im Kanu die Seenplatte entlangpaddeln. Im Hinterland laden Wanderwege ein, ruhige Nebenstraßen eignen sich gut zum Radwandern. Touristenbüros geben eigene Routenempfehlungen heraus, denn der Outdoor-Tourismus boomt auch in Polen.

ANGELN

Fast 70 Fischarten sollen sich in den Flüssen und Seen längs der Küste tummeln: Hechte und Zander, Maränen, Karpfen, Aale, Elritzen, seit kurzem sogar wieder Lachse. Ein Dorado für Angler, die in der pommerschen und kaschubischen Seenplatte viele kleine Paradiese finden. Die Flüsse Parsęta und Wieprza sind für ihre reichen Bestände an Forellen berühmt. In der Weichsel leben riesige Welse, der kapitalste Fang der letzten Jahre brachte 75 kg auf die Waage. Lokale Reviertipps und Hinweise zu den Schonzeiten bekommen Sie in den Filialen des Nationalen Anglerverbandes *PZW (ul. Twarda 42, Warszawa, Tel./Fax 022/620 89 66, www.zgpzw.pl)*. Dort können Sie auch eine Angellizenz *(zezwolenie wędkarskie)* kaufen, die in Polen Pflicht ist. Die Lizenz gibt es auch in manchen Touristenbüros, Fischereibetrieben und größeren Hotels oder beim Hafenmeister.

Angler finden zwischen Küste und Seenplatte viele kleine Paradiese

GOLF

Früher als Kapitalistensport verpönt, verbreitet sich Golf erst seit einigen Jahren in Polen. Neue Golfanlagen sind bereits auf der Insel Wollin und in Danzig entstanden. In den Klubs wird auch Unterricht angeboten, für Anfänger gibt es spezielle Übungsbereiche. Anspruchsvolle 18-Loch-Parcours bieten: *Amber Baltic Golf Club, ul. Baltycka 13, Kolczewo/Wolin, Tel. 091/326 51 10, Fax 326 53 33, www.abgc.pl,* und der *Gdańsk Golf & Country Club, Postolowo 1, Elganowo/Gdańsk, Tel. 058/683 71 00, Fax 683 72 00, www.golf.com.pl.*

KANU & KAJAK

Reizvolle, auch für Ungeübte geeignete Kanustrecken bietet die Küstenregion Polens auf den Flüssen im Hinterland. Beliebt bei Paddlern sind die kaschubische Radunia, die Drawa und Parsęta. Auch die Seen laden mit wundervollen, geschützten Revieren zum Kajakwandern ein, traumhaft schön ist der Drawsko-See in der Pommerschen Seenplatte. Kanus ausleihen können Sie von Mai bis September in vielen PTTK-Stationen, die Touristikgesellschaft organisiert auch Kajaktouren Insider Tipp (besonders schön ist die mehrtägige Tour auf der Słupia) und betreibt unterwegs kleine Biwakplätze *(www.pttk.pl)*. Gute Routenvorschläge und Vororttipps gibt es beim Polnischen Kanutenverband *(Polski Związek Kajakowy, ul. Erazma Ciołka 17, Warszawa, Tel. 022/837 14 70, Fax 877 24 60, www.pzkaj.pl)*.

RADFAHREN

Der Radtourismus wird in Polen immer beliebter. Ein mit westlichen Standards vergleichbares Radwegenetz wächst allerdings erst. Die stark befahrenen Hauptstraßen sollten Radfahrer unbedingt meiden. Umso schöner radelt es sich auf Insider Tipp Nebenstrecken, so am Słowiński-Nationalpark entlang von Smołdzino nach Łena (30 km) oder die 62-km-Tour von Biały Bór über Grzmiaca nach Połczyn Zdrój. Einige Anbieter organisieren geführte Fahrradreisen durch das nördliche Polen, zum Beispiel die Danziger Reisebüros *ata (www.atatravel.com.pl)* und *Aktivtours (www.aktivtours.pl)*.

REITEN

In Polen gibt es etwa eintausend Gestüte und Reiterhöfe, das Land ist berühmt für seine Pferdezucht. Ferien im Sattel können Sie im Gestüt Kadyny am Frischen Haff buchen. Das Gestüt Białogóra an der kaschubischen Küste veranstaltet Ausritte entlang des Ostseestrandes *(Stadnina Koni Białogóra, Tel. 058/738 39 69)*. Im Gestüt Biały Bór südöstlich von Koszalin, eins der besten Hengstdepots Polens, findet alljährlich im November die traditionelle Hubertusjagd statt *(ul. Kolejowa 2, Biały Bór, Tel. 094/373 90 46)*. *Polnischer Reiterverband (Polski Związek Jeździecki), ul. Cegłowska 68/70, Warszawa, Tel. 022/834 73 21, www.pzj.pl*

SEGELN & SURFEN

Segeln hat an der polnischen Küste den Rang eines Nationalsports, v. a. in Danzig. Törngerecht bieten etwa 70 Häfen Liegeplätze für Yachten, von simplen Anlegern bis zu topmodernen Steganlagen wie die Altstadt-Marina in Danzig. Hier können Sie Boote chartern, auch tageweise. Voraussetzung ist ein internationaler Sportbootführerschein. Die polnische Küste, ungeschützt gegen Nordwestwind, ist nichts für Anfänger. *Polnischer Seglerverband, ul. Chokimska 14, Warszawa, Tel. 022/848 04 83, Fax 848 04 82, www.pya.org.pl*

Voll im Trend liegen Wind- und Kitesurfing, Polens Küste stieg in wenigen Jahren in die Topliga der Ostsee-Surfspots auf. Die Szene trifft sich v. a. in Dębki und auf Hel. Dort gibt es etliche Surfclubs und -schulen (auch Verleih von Boards).

Polen ist Pferdeland: Dutzende Gestüte laden zu Ausritten ein

TAUCHEN

Vor der Küste Polens, v. a. in der Danziger Bucht und vor Hel, liegen über hundert Schiffswracks – die ältesten befinden sich dort seit dem 16. Jh., manche in nur fünf, andere in bis zu 60 m Tiefe. Sie ziehen Sporttaucher magisch an. Etwas Erfahrung sollte man für das Wracktauchen aber schon mitbringen. Für Anfänger geeigneter sind die klaren kaschubischen Eiszeitseen. Der Tauchsport hat in Polen viele Anhänger, es gibt im Land etwa 250 Clubs und Tauchschulen, in denen man seinen Urlaub auch mit dem Erwerb eines internationalen Tauchscheins (CMAS) verbinden kann. Detailliert informiert der Taucherverband *KDP, ul. Senatorska 11, Warszawa, Tel./Fax 022/826 35 74, www.kdp-pttk.org.pl.* Kurse und Tauchgänge zu den Wracks in der Ostsee veranstaltet das *Centrum Nurkowania Ticada, ul. Chwaszyńska 70, Gdynia, Tel. 058/629 48 46, Fax 629 49 10, www.ticada.pl*

WANDERN

Wandern ist in Polen Volkssport. Entsprechend gut ist das Angebot an ausgewiesenen Routen. Nicht nur, dass der Europäische Fernwanderweg E9 an der Küste entlangführt (537 km von Świnoujście bis Braniewo an der Grenze nach Russland). Mit besonders reizvollen Wanderrouten warten die Nationalparks Woliński und Słowiński auf. Alle Wanderwege sind mit einem weiß-blau-weiß gestreiften Viereck markiert. Die Tourismusinfos und die Büros der Gesellschaft für Touristik und Heimatkunde (PTTK) bieten gute Wanderkarten *(mapa turystyczna)* und Routentipps für die jeweilige Region *(PTTK, ul. Senatorska 11, Warszawa, Tel./Fax 022/826 22 51, www.pttk.pl).*

Zu Besuch bei Robbe und Wisent

An der polnischen Küste gibt es nicht nur Strand, sondern auch vieles zu entdecken, was den Ostseeurlaub zum Abenteuer werden lässt

An Freizeitparks westlichen Zuschnitts mangelt es dem Ferienland zwischen Stettiner Haff und Frischer Nehrung noch, langweilig wird es Kindern im Urlaub an der Ostsee deshalb aber bestimmt nicht. Strand macht immer Spaß. Und wo Wasser ist, gibt es immer Neues zu entdecken. Zum Beispiel Bernstein: Die Suche nach dem Gold der Ostsee verspricht v. a. östlich von Danzig gute Funde. Oder wie wäre es mit einer Fahrt im Ausflugsdampfer hinaus auf die Ostsee? Von Kołobrzeg aus fahren sogar Wikingerboote. Und wer nicht bloß mitfahren will: Auf den Flüssen und Seen kann man im Kanu auf Entdeckungsreise gehen.

DANZIG UND UMGEBUNG

Aquapark Sopot (Park Wodny) [112 A2]

Mit insgesamt 70 Attraktionen in sechs Schwimmbecken von Wasserfällen, Kaskaden, Rutschen und Wildwasserfluss bis zum angeblich »größten Whirlpool Polens« bietet der Aquapark in Sopot jede Menge Wasserspaß. Natürlich gibt es in dem modernen Badetempel auch einen großen Nichtschwimmerbereich und ein Außenschwimmbecken, das selbst im Winter geöffnet ist, an Land außerdem eine Bowlingbahn, Restaurant und Café. Wer es richtig heiß mag: Die Saunawelt hält neun verschiedene Saunen bereit. *ul. Zamkowa Góra 3, tgl. 8–22 Uhr, Eintritt Erw. 24 Zł./Std., Kinder (bis 16 J.) 18 Zł./Std., www.aquaparksopot.pl*

Dar Pomorza, Gdynia [112 A2]

Für Museen sind Kinder selten zu begeistern, doch wie wäre es mit einem Museumsschiff? Noch dazu ein echter Großsegler oder Windjammer, wie die Schiffe mit den baumstarken Masten in der Seemannssprache heißen. In Gdynia liegt die seit 1979 ausgemusterte »Dar Pomorza« an der Pier, das einstige Segelschulschiff der polnischen Hochschule für Nautik: Das 1909 in Hamburg gebaute, 91 m lange Vollschiff mit seinen drei 41 m hohen Masten (2200 m^2 Segelfläche) und dem mächtigen Doppelsteuerrad fordert zum Entdecken geradezu auf. An Bord sieht es

Na, hat hier jemand ein Mäuschen entdeckt?

immer noch aus, als wolle das Schiff gleich ablegen, und alles kann besichtigt werden – sogar die Kapitänskajüte, eigentlich das Allerheiligste eines jeden Schiffes. *Al. Zjed noczenia (Südmole), Di–So 10–16 Uhr, Eintritt Erw. 6 Zł., Kinder 4 Zł.*

Zoologischer Garten (Ogród Zoologiczny Gdańksa) **[112 A3]**

Pinguine, Nilpferde, Mähnenwölfe – all diese Tiere gibt es an der Polnischen Ostseeküste. Natürlich nur im Zoo. Und zwar im größten und schönsten des Landes: dem Zoologischen Garten Danzig. Er liegt ein bisschen außerhalb, idyllisch eingepasst in den Naturpark Trójmiejski in Oliwa, und ist mit seinen 136 ha so groß, dass man sich fast darin verlaufen kann. Aber die 1218 Tiere (220 Arten) sind ja alle in ihren Gehegen – jedenfalls fast alle. Denn es gibt auch einen Streichelzoo. Viele exotische Tiere brachten übrigens früher die Seeleute von ihren Fahrten mit. Heute ist das streng verboten. *ul. Karwieska 3, Tel./Fax 058/552 17 51, Mo–Fr 9–17, Sa/So 9–18 Uhr, Erw. 8 Zł., Kinder 4 Zł., www.zoo.gd.pl*

STETTIN UND WOLLIN

Insider Tipp

Schmalspurbahn Rewal (Kolejka Wąskotorowa) **[108 C3]**

Eine Kleinbahn, gezogen von einer schnaufenden Dampflok, kennen die meisten Kinder nur aus Büchern. Doch zwischen Pogorzelica, Niechorze, Trzęsacz und dem Seebad Rewal an der pommerschen Küste verkehrt im Sommer so ein Unikum, »Chiuchia« genannt. Es ist das letzte Teilstück eines Kleinbahnnetzes, das vor dem Krieg über 500 km lang war. *Die Bäderbahn fährt im Sommer (Juni–Sept.) fünfmal täglich (aktueller Fahrplan: www.schmalspurbahn-in-polen.de).* Besonders lohnend ist ein Ausflug mit der kleinen Bahn bis in das idyllische *Gryfice (Greifenberg)* 18 km südlich von Trzebiatów. Dort gibt es im *Pommerschen Schmalspurbahnmuseum* noch eine ganze Schar der kleinen Loks zu bestaunen. *Muzeum Koleji Wąskotorowej, Di–So 10–18 Uhr, Eintritt Erw. 4 Zł., Kinder 2 Zł.*

Wisentgehege Wolin (Pokazy Żubrów) **[108 A3]**

Sie sind echte Urzeitriesen, mit zotteligem Fell, bulligen Schädeln und sanft blinzelnden braunen Augen: Wisente, die größten Wildrinder der Welt, Verwandte des amerikanischen Bisons. In einem großen Freilandgehege im Nationalpark auf der Insel Wollin kann man die buckligen Büffel heute wieder frei beobachten. Sie wurden hier in der Küstenwildnis in tiefen Buchenwäldern künstlich angesiedelt, denn der Mensch hatte sie rücksichtslos ausgerottet. Heute leben in Polen wieder rund 3000 Wisente, im Wolin-Reservat sind es ca. 60 Exemplare. *Mai–Okt. Di–So 10–18 Uhr, Tel. 091/328 07 37*

STOLP UND KASCHUBEI

Robbenkindergarten Hel (Fokarium Hel) **[112 B2]** Insider Tipp

Es ist gar nicht so lange her, da lebten an der Ostseeküste noch viele Kegelrobben, doch hemmungslose Jagd, die Verschmutzung des Meerwassers und starker Schiffsverkehr haben die schlanken Seehunde fast ausgerottet. Die Meeresbiologen

Grzyby, Pilze, zu sammeln liebt in Polen jedes Kind

der Universität Danzig betreiben darum auf der Halbinsel Hel eine Forschungsstation, um den Bestand der Robben an der polnischen Küste zu retten und wieder aufzubauen. Das Fokarium (*foka* ist polnisch für Robbe) ist zugleich eine Art Robbenkindergarten, in dem verwaiste Jungrobben in großen Meerwasserbecken aufgezogen und später kontrolliert wieder freigelassen werden. Man kann den munteren Tieren beim Spielen und bei der Fütterung zusehen, ein großer Spaß für die Kinder, die beim Füttern auch mal helfen dürfen. *ul. Morska 2, Tel. 058/675 08 36, tgl. 9–20 Uhr, sekhel@univ.gda.pl*

ELBING UND FRISCHES HAFF

Foucaultsches Pendel, Frombork **[113 D3]**

Woran merkt man eigentlich, dass sich die Erde dreht? Ein französischer Physiker namens Leon Foucault fragte sich das im 19. Jh. auch, und bald hatte er eine Idee: Er band eine schwere Eisenkugel an ein 67 m langes Seil, hängte es so in einem Kirchturm auf, dass die Kugel ein paar Zentimeter über dem Boden schwebte, versetzte sie in Schwingungen und beobachtete 24 Stunden lang die Bewegung des Pendels. Daraus ließ sich tatsächlich erkennen, dass die Erde sich dreht. Das ist natürlich nur eine sehr knappe Erklärung. Doch auf der Domburg in Frombork, wo der Astronom Kopernikus lebte, hängt so ein berühmtes Foucaultsches Pendel im Glockenturm. Ganze Schulklassen fahren hin, um es zu sehen. Es ist sehr spannend zu beobachten, wie sich die langsamen Pendelbewegungen verändern. Besonders, weil es einem von den Museumsmitarbeitern gut erklärt wird. Im Turm gibt es auch ein Planetarium. *Mai–Sept. tgl. 9–16 Uhr*

Angesagt!

Was Sie wissen sollten über Trends, die Szene und Kuriositäten an der Polnischen Ostseeküste

Maluch

Er gehört zu Polens Straßen wie das Krantor zu Danzig: der Polski Fiat 126 p oder einfach Maluch, wie er liebevoll genannt wird: Kleiner. Angesichts von knapp 2 m Länge und 1,40 m Breite durchaus passend. Klein heißt auch eng, außerdem ist er laut, langsam (24 PS), bremst schlecht und rostet furchtbar, wird im Sommer zur Sauna und im Winter zum Eisschrank, doch das Herz der Polen hängt an ihm, in einer Mischung aus Nostalgie und augenzwinkerndem Patriotismus. Mehr noch: Im Zeitalter des automobilen Go West ist der Kleine zum Kultobjekt avanciert. Es gibt Dutzende Fanclubs, Websites, Tuning-Treffen. Der Maluch ist halt ein echter Volkswagen. Wohl auch seines Preises wegen: Gebraucht ist er ab 100 Euro zu bekommen.

Ritterspiele

Wer sich freiwillig in enge Rüstungen und Kettenhemden zwängt, um mit Schwert und Lanze auf sein Gegenüber loszugehen, muss schon ein großer Fan der Ritterzeit sein. Die Polen haben eine ausgeprägte Vorliebe für Mittelalterturniere, es gibt Rittergesellschaften, und v. a. im Land der Ordensburgen zwischen Weichsel und Küste locken diese sportlich-romantischen Historienspektakel Tausende Zuschauer an. Festungen wie die Marienburg geben dafür eine grandiose Kulisse ab.

Mode made by Starost

Der Modedesigner Michał Starost aus Sopot ist in seiner Heimat ein Star. Der 34-Jährige steht für eine neue Generation ambitionierter polnischer Edelschneider, die den internationalen Markt mit experimentell-wagemutigen Kollektionen bereichern. Mit seiner Haute Couture sucht Starost das Extrem. Im konservativ-katholischen Polen beschworen seine neodekadenten Kollektionen schon reihenweise Skandale herauf, doch für die junge Generation ist Starost eine Ikone des Aufbruchs. Seine Ateliers in Danzig und Warschau (mit Einzelstücken ab 500 Euro) zählen zu den Modetopadressen Polens. Und auch international hat der Edelschneider den Durchbruch längst geschafft.

Von Anreise bis Zoll

Hier finden Sie kurz gefasst die wichtigsten Adressen und Informationen für Ihre Reise an die Polnische Ostseeküste

ANREISE

Auto

Das Tor zur Polnischen Ostseeküste ist Stettin, erreichbar von Berlin auf der A11 (150 km), Grenzübergang: Pomellen/Kołbaskowo, alternativ Linken/Lubieszyn (B 104) oder Schwedt/Krajnik Dolny. Der Grenzübergang Ahlbeck/Świnoujście auf Usedom ist nur für Fußgänger und Radfahrer frei. Die Grenzabfertigung ist inzwischen zügig und problemlos. In Polen führt die gut ausgebaute, allerdings nur in stadtnahen Etappen vierspurige Schnellstraße A6/E28 durch das Hinterland der Küste von Stettin über Słupsk und Koszalin nach Danzig. Sie ist stark befahren (viele LKWs), entspannter fährt es sich auf den Nebenstrecken.

Bahn

Von Berlin fahren mehrmals täglich Züge nach Stettin und ein Nachtzug nach Danzig (ab Berlin-Lichtenberg, ca. 10 Std.). Für Fahrten nach Polen gibt es auch spezielle Spartickets. *Auskunft: Tel. 118 61 (25 Cent/Min.), www.bahn.de*

Bus

Aus mehr als 30 deutschen Großstädten fahren täglich Linienbusse nach Polen. Linien aus Norddeutschland (Hamburg, Hannover, Kiel) führen zunächst nach Stettin und von dort an der Küste entlang bis Danzig, aus Süddeutschland verlaufen die Touren in Polen durch das Landesinnere, z. B. über Wałcz nach Danzig oder Koszalin. Fahrzeiten/-preise: Hamburg–Danzig 12 Std./80 Euro, München–Danzig 20 Std./110 Euro. Das beste Liniennetz betreibt die Deutsche Touring GmbH (Eurolines), ein Zusammenschluss mehrerer Anbieter mit Sitz in Frankfurt *(Tel. 069/ 790 32 88, Fax 790 32 19, www.deutsche-touring.com).*

Flugzeug

Direktflüge nach Danzig bieten Lufthansa (ab Frankfurt, Hamburg) und die polnische Fluggesellschaft LOT (ab Hamburg, Frankfurt, München). Man kann auch mit LOT nach Warschau fliegen und von dort mit guten Anschlussverbindungen weiter nach Danzig und Stettin *(Tel. 01803/00 03 36, Fax 01803/00 04 40, www.lot.com).*

AUSKUNFT

Polnisches Fremdenverkehrsamt
Kurfürstendamm 71, 10709 Berlin, Tel. 030/210 09 20, Fax 21 00 92 14, Mo–Fr 10–12 und 14–16 Uhr, www.polen-info.de

Polnisches Fremdenverkehrsamt Österreich/Schweiz

Lerchenfelder Str. 2, 1080 Wien, Tel. 01/524 71 91, Fax 524 71 91 20, Mo–Do 9–17, Fr 9 bis 15 Uhr, www.poleninfo.at

AUTO

Höchstgeschwindigkeit: 60 km/h in Ortschaften, 90 km/h auf Landstraßen, 110 km/h auf Autobahnen. Oft Radarkontrollen, Temposünder werden hart bestraft, besonders innerorts (Strafe bis zu 125 Euro). Teuer wird auch Falschparken (20–40 Euro) und Alkohol am Steuer (Promillegrenze 0,2). Wichtig bei Polizeikontrollen: Motor aus, Hände aufs Lenkrad und im Auto sitzen bleiben. Einige Verkehrsregeln: In Polen muss vom 1. Okt. bis 31. März mit Abblendlicht gefahren werden. Handybenutzung am Steuer ist verboten (außer mit Freisprechanlage). Gurtpflicht gilt nur auf den Vordersitzen. Entgegen einem weit verbreiteten Irrglauben müssen Autos, die außerhalb Polens zugelassen sind, keinen Feuerlöscher haben. Die Fernstraßen sind in gutem Zustand, Vorsicht ist auf Nebenstrecken geboten. Tankstellen gibt es in jedem größeren Ort, an Fernstraßen modern ausgebaut, oft mit Shop und Restaurant und rund um die Uhr geöffnet. Bleifreies Benzin: ein durchgestrichenes Pb, Diesel: On, Flüssiggas: LPG-Gaz.

BANKEN & KREDITKARTEN

Die meisten Banken akzeptieren alle gängigen Kredit- und EC-Karten. Geldautomaten *(Bankomat)* finden Sie in jeder Stadt, Wechselstuben *(Kantor)* auch in großen Tankstellen, Hotels und Bankfilialen. Banken haben in der Regel Mo–Fr 8–18, Sa 8–14 Uhr geöffnet.

DIPOLMATISCHE VERTRETUNGEN

Deutsches Generalkonsulat
Al. Zwycięstwa 23, 80219 Gdańsk, Tel. 058/341 43 66, Fax 341 22 45

Österreichische Botschaft
ul. Gagarina 34, 00955 Warszawa, Tel. 022/341 00 81, Fax 341 00 85

Botschaft der Schweiz
Al. Ujazdowskie 27, 00540 Warszawa, Tel. 022/628 04 81, Fax 621 05 48

Was kostet wie viel?

Tee	**50 Cent** für ein Glas
Bier	**80 Cent** für ein Glas an der Bar
Eintritt	**1,50–2 Euro** für eine Museumskarte
Benzin	**1,10 Euro** für 1 l Super bleifrei
Fahrrad	**2,50–5 Euro** Miete für 1 Stunde
Bus	**2,50 Euro** für 50 km Busfahrt

EINREISE

Für EU-Bürger genügt der (mindestens noch sechs Monate gültige) Reisepass oder Personalausweis. Wollen Sie länger als 90 Tage im Halbjahr in Polen bleiben, ist eine Aufenthaltsgenehmigung nötig.

GESUNDHEIT

Es gelten die Bedingungen wie für alle EU-Länder. Arztkosten werden von den Krankenkassen zu den Sätzen des Heimatlands zurückerstattet. Da dies nicht für alle Kosten gilt (z. B. Krankenrücktransport), ist der Abschluss einer Reisekrankenversicherung ratsam. Erste Hilfe *(Notruf: Tel. 999)* ist kostenlos. Wenn Sie Wanderungen planen, empfiehlt sich eine Zeckenschutzimpfung (FSME).

INTERNET

Fast alle Städte und Seebäder haben Websites eingerichtet, die meisten mit deutscher Version. Eine Auswahl nützlicher Internetseiten: *www.ostsee-urlaub-polen.de* (Infos von Stettin bis Kaschubien/dt.); *www.frischeshaff.de* (informative Website rings um das Zalew Wiślany von Elbląg bis Braniewo); *www.hotelspoland.com* (Hotelbuchungen online/dt.); *www.infolinia.pl* (allgemeine touristische Infos, Veranstaltungen, Wetter/engl.)

INTERNETCAFÉS

Internetcafés gibt es v. a. in den größeren Städten. Auch etliche Hotels bieten diesen Service an, aber deutlich teurer. Eine Auswahl:
Danzig: Rudy Kot, ul. Garncarska 18/20, Tel. 058/301 86 49, So–Fr 10–24, Sa 10–4 Uhr, www.rudykot.pl
Stettin: Cybernet, ul. Miczanska 48, Tel. 091/483 75 84, tgl. 10–23 Uhr, www.cybernetszczecin.com
Koszalin: Pl@net, ul. Traugutta 30, Tel. 094/348 00 34, tgl. 10–2 Uhr

€	Złoty
1	3,90
3	11,70
5	19,50
7	27,30
10	39,00
25	97,50
70	273,00
90	351,00
150	585,00

Złoty	€
1	0,26
5	1,30
20	5,20
30	7,80
70	18,20
150	39,00
250	65,00
700	182,00
900	234,00

LITERATURTIPPS

Die »Reise nach Pommern – Bericht aus einem verschwiegenen Land« ist eine Hommage des Autors Christian Graf von Krockow an das alte Land am Meer und seine heutigen Bewohner. In »Die Blechtrommel« beschreibt Günter Grass Danzig zur Zeit des aufziehenden Naziregimes aus der Sicht eines heranwachsenden Kindes (erster Teil der »Danziger Trilogie«). Theodor Fontane hält in »Meine Kinderjahre« eine autobiografische Rückschau auf das Seebad Swinemünde, in dem er aufwuchs. Die Handlung von Stefan Chwins Roman »Tod in Danzig« balanciert im Nachkriegsdanzig zwischen vertriebenen Deutschen und polnischen Zuwanderern. Heike Rosbach und Diethard Klein (Hg.) haben in »Danzig: Ein Lesebuch« einen Almanach Danziger Geschichten von Arthur Schopenhauer bis E. T. A. Hoffmann geschaffen.

MIETWAGEN

Große Verleiher (Avis, Hertz) finden Sie an den Flughäfen. Auch in den großen Hotels und über einige Reisebüros kann man Mietwagen ordern. Preise etwa wie in Deutschland, Tagespreis (unbegrenzte Kilometerzahl) zwischen 80 (Opel Corsa) und 200 Euro (VW Passat). Weitere Angebote für Autovermietungen unter *www.marcopolo.de*

NOTRUFE

Polizei 997, Feuerwehr 998, Rettungsdienst (Ambulanz) 999, Pannenhilfe 981, ADAC 022/ 622 20 60

ÖFFENTLICHE VERKEHRSMITTEL

Gut ausgebaut ist das Netz der Buslinien. Tickets *(bilet)* kauft man am Schalter im Busbahnhof oder beim Fahrer. Die Hauptstrecke der Eisenbahn *(PKP)* verläuft parallel zur Küstenstraße von Stettin über Kołobrzeg, Koszalin, Słupsk und Lębork nach Danzig, über Anschlussstrecken erreichbar sind auch Kamin und die Küstenorte Ustka, Łeba und die Halbinsel Hel. Kartenverkauf: an allen Bahnhöfen oder in den Orbis-Reisebüros. Expresszüge *(ekspres)* sind reservierungspflichtig, Eil- *(pośpieszny)* und Nahverkehrszüge *(normalny, osobowy)* nicht.

ÖFFNUNGSZEITEN

In Polen gibt es kein Ladenschlussgesetz, daher öffnen große Einkaufszentren auch an Wochenenden, einige rund um die Uhr. Im Allgemeinen haben Supermärkte *Mo–Fr 7–19, Sa 8–14 Uhr*, andere Geschäfte und Kaufhäuser *11–18 (19) Uhr* geöffnet. Banken und Behörden: Kernzeiten *8–17 Uhr*. Die meisten Restaurants haben täglich geöffnet. In den touristisch orientierten Badeorten schließen außerhalb der Saison allerdings viele Häuser ganz oder tageweise.

POST

Postämter sind meist *8–20 Uhr* geöffnet. Standardbrief und Postkarte nach Deutschland kosten jeweils 2,20 Złoty Porto und sind etwa drei Tage unterwegs, im Sommer kann es eine Woche dauern. Briefmarken gibt es auch an vielen Zeitungskiosken. Post in die roten Briefkästen einwerfen, die grünen sind für regionale Sendungen.

PREISE & WÄHRUNG

Die polnische Währung, der *Złoty (1 Złoty = 100 Groszy)*, ist frei konvertierbar, der Wechselkurs ändert sich. Lebensmittel sind trotz mehrerer spürbarer Preissteigerungen immer noch deutlich günstiger als in Westeuropa, Importwaren kosten indes oft genauso viel, sind zum Teil sogar teurer.

REISEZEIT & KLIMA

Polens Ostseeküste liegt noch im Bereich der atlantischen Klimaküche mit gemäßigt milden, aber auch unbeständigen Wetterlagen, die östlichen Regionen v. a. im Binnenland befinden sich schon spürbar im Einfluss des Kontinentalklimas, das für heiße Sommer und bitterkalte Winter sorgen kann. Sonnenreich und im Jahresdurchschnitt sehr mild ist das Wetter auf der Halbinsel Hel. Die schönste Reisezeit liegt zwischen Mai und Oktober. Am wärmsten ist es im Juli/August, die Ostsee erreicht dann in geschützten Lagen Temperaturen von über 20 Grad. Im Hochsommer

Wetter in Gdynia

	Jan.	Feb.	März	April	Mai	Juni	Juli	Aug.	Sept.	Okt.	Nov.	Dez.
Tagestemperaturen in °C	1	2	5	10	15	19	22	21	18	12	7	3
Nachttemperaturen in °C	–3	–3	–1	3	7	11	14	14	11	7	2	–1
Sonnenschein Std./Tag	1	2	4	5	7	9	7	7	5	3	1	1
Niederschlag Tage/Monat	9	8	7	8	8	8	10	11	9	9	8	9
Wassertemperaturen in °C	1	1	2	5	10	15	17	18	16	12	7	3

brauen sich am Frischen Haff oft kräftige Gewitter zusammen.

SICHERHEIT

Die vielen Horrorgeschichten über hohe Kriminalität, organisierten Autodiebstahl und Raubüberfälle sind stark übertrieben, Polen zählt durchaus zu den sicheren Reiseländern. Touristenzentren wie Danzig ziehen allerdings auch Diebe und Betrüger an. Beachten Sie die allgemeinen Vorsichtsregeln, dann ist Ärger mit Kleinkriminalität vermeidbar. Autos sollten Sie nur auf bewachten Parkplätzen abstellen, wie sie die meisten Hotels anbieten. Denn frei erfunden sind die Berichte über die osteuropäische Automafia eben doch nicht.

STROM

220 Volt Wechselstrom, Adapter nicht nötig, die Stecker passen.

TAXI

Taxis sind in Polen ein vergleichsweise günstiges Beförderungsmittel. Achten Sie auf eingeschaltete Taxameter und offen angezeigte Tarife und Zeitzonen. Bei längeren Fahrten Preis vorher aushandeln. Zwischen 23 und 5 Uhr wird ein Nachtzuschlag erhoben. Seriös und zu empfehlen: *Radio Taxi, Tel. 919*

TELEFON & HANDY

Vorwahl nach Deutschland: *0049*, Österreich *0043*, in die Schweiz *0041*. Vorwahl nach Polen: *0048*, danach Ortsvorwahl ohne Null.

Bei Ferngesprächen innerhalb des Landes ist die Vorwahl eines Netzbetreibers voranzustellen *(z. B. 01033 oder 01055)*, dann die Ortsvorwahl ohne Null. Handys (GMS) wählen sich automatisch ein. Erkundigen Sie sich bei Ihrem Netzanbieter nach Roaming-Tarifen und speziellen Calling-Cards fürs Ausland. Öffentliche Telefone funktionieren überwiegend mit Telefonkarten *(karta telefoniczna, 25–100 Einheiten)*, die man an Kiosken und Tankstellen kaufen kann, das alte Jetonsystem ist auf dem Rückzug.

TOILETTEN

Toiletten *(toaleta, WC)* sind mit einem Kreis (Damen) bzw. mit einem Dreieck (Männer) gekennzeichnet.

ZEIT

In Polen gilt die Mitteleuropäische Zeit, die Sommerzeit dauert wie in den meisten EU-Ländern von Ende März bis Ende Oktober.

ZOLL

Seit dem EU-Beitritt Polens gibt es an den deutsch-polnischen Grenzen keine Zollkontrollen mehr, für die Ein- und Ausfuhr gelten seitdem die allgemeinen Bestimmungen des europäischen Binnenmarktes – bislang noch mit einigen Übergangsregeln. So dürfen Personen über 18 Jahre nach wie vor nur maximal 200 Zigaretten und 10 l hochprozentige Spirituosen nach Deutschland einführen.

Die Ausfuhr von Antiquitäten, die vor dem 9. Mai 1945 hergestellt wurden, bedarf einer Genehmigung des polnischen Kulturministeriums. Detaillierte Informationen finden Sie unter *www.zoll.de.*

Czy mówisz po polsku?

**»Sprichst du Polnisch?«
Dieser Sprachführer hilft Ihnen, die wichtigsten Wörter und Sätze auf Polnisch zu sagen**

Zur Erleichterung der Aussprache sind alle polnischen Wörter mit einer einfachen Aussprache (in eckigen Klammern) versehen. In mehrsilbigen Wörtern wird die vorletzte Silbe betont.

Polnische Phonetik:

a = immer kurz	ó = u
ą = on (nasal) wie im Französischen	rz = französisches j in »Journal«
c = z wie in »Zeit« (nie wie k)	s = immer scharf
é = en (nasal) wie Französisch (»in...«)	ś = sj
ł = etwa wie englisches w	sz = sch
ń = nj wie in »Champagner«	ż = rz = französisches j

AUF EINEN BLICK

Ja./Nein./Vielleicht.	Tak. [tak]/Nie. [njä]/Może. [moschä]
Bitte./Danke.	Proszę. [proschän]/Dziękuję. [dsiänkujän]
Gern geschehen.	Zrobiłem/zrobiłam to z przyjemnością. [srobbiuäm/srobbiuam to spschijämnoschtschon]
Entschuldigung!	Przepraszam! [pschäprascham]
Wie bitte?	Słucham? [suucham]
Ich verstehe Sie nicht.	Nie rozumiem pana/pani. [njä rossumjäm pana/panji]
Können Sie mir bitte helfen?	Czy może mi pan/pani pomóc? [tschi moschä mi pan/panji pommuz]
Ich möchte …	Chciałbym/Chciałabym … [chtschaubim/chtschauabim]
Das gefällt mir (nicht).	To mi się (nie) podoba. [to mi schän (njä) poddobba]
Haben Sie …?	Czy ma pan/pani …? [tschi ma pan/panji]
Wie viel kostet es?	Ile to kosztuje? [ilä to koschtujä]
Wie viel Uhr ist es?	Która godzina? [ktura goddsina]

KENNENLERNEN

Guten Morgen/Tag!	Dzień dobry! [dsiänj dobbri]
Guten Abend!	Dobry wieczór! [dobri wätschur]

Hallo!/Grüß dich!	Halo!/Witam! [chalo/witam]
Wie heißt du?	Jak się nazywasz?[jak schän nasiwasch]
Wie geht es Ihnen?	Jak się panu/pani powodzi? [jak schän panu/panji powwoddsi]
Danke. Und Ihnen?	Dziękuję. [dsiänkujän] A panu/pani? [a panu/panji]
Auf Wiedersehen!	Do widzenia! [do widsänja]
Bis morgen!	Do jutra! [do jutra]
Gute Nacht!	Dobranoc! [dobbranotts]
Tschüss!	Serwus! [särwus]

UNTERWEGS

Auskunft

links	na lewo [na läwo]
rechts	na prawo [na prawo]
geradeaus	prosto [prossto]
nah/weit	blisko [blisko]/daleko [daläko]
Bitte, wo ist ...?	Przepraszam, gdzie jest ...? [pschäprascham, gdsiä jäst]
Bahnhof	dworzec [dwaschez]/kolejowy [kolejowi]
Bus	autobus [autobus]
Wie weit ist das?	Jak to jest daleko? [jak to jäst daläko]

Panne

Ich habe eine Panne.	Mam awarię samochodu. [mam awarjän samochoddu]
Würden Sie mich bis zur nächsten Werkstatt abschleppen?	Odholowałby mnie pan/odholowałaby mnie pani do najbliższego warsztatu? [ottchollowwaubi mnjä pan/ottchollowwauabi mnjä panji do najblischschägo warschtatu]
Wo ist hier in der Nähe eine Werkstatt?	Gdzie jest tu w pobliżu warsztat samochodowy? [gdsiä jäst tu f pobblischu warschtat samochodowe]

Tankstelle

Wo ist bitte die nächste Tankstelle?	Przepraszam, gdzie jest najbliższa stacja benzynowa? [pschäprascham, gdsiä jäst najblischscha stazja bänsinowwa]
Ich möchte ... Liter	Chciałbym/chciałabym ... litrów [chtschaubim/chtschauabim ... litruf]
... Normalbenzin.	... benzyny niskooktanowej. [bänsini njiskoocktanowwäj]
... Super/Diesel.	... wysokooktanowej/ropy. [wisockoocktanowwäj/roppi]
Voll tanken, bitte.	Proszę do pełna. [proschän do päuna]

Unfall

Hilfe!	Ratunku! [ratunku]
Rufen Sie bitte schnell …	Proszę wezwać szybko … [proschän wäswatsch schipko]
… einen Krankenwagen.	… karetkę pogotowia. [karätkän poggottowwa]
… die Polizei.	… policję. [pollizjän]
… die Feuerwehr.	… straż pożarną. [strasch poscharnon]
Es war Ihre Schuld.	To była pana/pani wina. [to biua pana/panji wina]
Geben Sie mir bitte Ihren Namen und Ihre Anschrift.	Proszę mi podać pana/pani nazwisko i adres. [proschän mi poddatsch pana/panji naswisko i adräs]

ESSEN/UNTERHALTUNG

Wo gibt es hier …	Gdzie jest tu w pobliżu … [gdsiä jäst tu fpobblischu]
… ein gutes Restaurant?	… dobra restauracja? [dobbra rästaurazja]
… ein nicht zu teures Restaurant?	… niezbyt droga restauracja? [njäsbitt drogga rästaurazja]
Gibt es hier eine gemütliche Kneipe?	Czy jest tu jakaś miła knajpa? [tschi jäst tu jakasch miua knajpa]
Reservieren Sie uns bitte für heute Abend einen Tisch für vier Personen.	Proszę zarezerwować dla nas na dziś wieczór stolik na cztery osoby. [proschän saräsärwowwatsch dla nas na dsisch wjätschur stollik na tschtari ossobbi]
Auf Ihr Wohl!	Pana/pani zdrowie! [pana/panji sdrowwjä]
Bezahlen, bitte.	Mogę zapłacić? [moggän sapuatschitsch]
Hat es geschmeckt?	Smakowało? [smakowwauo]
Das Essen war ausgezeichnet.	Jedzenie było znakomite. [jädsänjä biuo snakommitä]

ÜBERNACHTUNG

Können Sie mir bitte … empfehlen?	Może mi pan/pani polecić … [moschä mi pan/panji pollätschitsch]
… ein gutes Hotel…	… dobry hotel? [dobbri chottäl]
… eine Pension…	… pensjonat? [pänsjonnat]
Haben Sie noch Zimmer frei?	Czy ma pan/pani jeszcze wolne pokoje? [tschi ma pan/panji jäschtschä wollnä pockojjä]
ein Einzelzimmer	pokój jednoosobowy [pockuj jädnoossobbowwi]
ein Zweibettzimmer	pokój dwuosobowy [pockuj dwuossobbowwi]

mit Bad	z łazienką [s uasiänkon]
mit Dusche	z prysznicem [s prischnjizäm]
für eine Nacht	na jedną noc [na jädnon noz]
für eine Woche	na tydzień [na tidsiänj]
Was kostet das Zimmer mit ...	Ile kosztuje pokój ... [ilä koschtujä pockuj]
... Frühstück?	... ze śniadaniem? [sä schnjadanjäm]
... Halbpension?	... ze śniadaniem i kolacją? [sä schnjadanjäm i kollazjon]
... Vollpension?	... z całodziennym wyżywieniem? [s zauoddsiännim wischiwenjäm]
Kann ich das Zimmer ansehen?	Mogę ten pokój obejrzeć? [moggän tän pockuj obbäjschätsch]

PRAKTISCHE INFORMATIONEN

Arzt

Können Sie mir einen guten Arzt empfehlen?	Czy może mi pan/pani polecić dobrego lekarza? [tschi moschä mi pan/panji pollätschitsch dobbrägo läkascha]
Ich habe hier Schmerzen.	Tu mnie boli. [tu mnjä bolli]

Bank

Wo ist hier bitte ...	Gdzie tu jest ... [gdsiä tu jäst ...]
... eine Bank?	... bank? [bank]
... eine Wechselstube?	... kantor (wymiany walut)? [kantorr (wimjani walut)]
Ich möchte ... Euro (Schweizer Franken) in Złoty wechseln.	Chciałbym/*f* Chciałabym wymienić ... euro niemieckich (franków szwajcarskich) na złotówki. [chtschaubim/chtschauabim wimänjitsch ... euro njämäzkich (frankuf schfajzarskich) na suotuwki]

Post

Was kostet ...	Ile kosztuje ... [ilä koschtujä]
... ein Brief ...	... list ... [list]
... eine Postkarte ...	... pocztówka ... [pottschtufka]
... nach Deutschland?	... do Niemiec? [do njämäz]

ZAHLEN

1	jeden [jädän]	8	osiem [oschäm]
2	dwa [dwa]	9	dziewięć [dsiäwänjtsch]
3	trzy [tschi]	10	dziesięć [dsiäschänjtsch][
4	cztery [tschtäri]	100	sto [sto]
5	pięć [pänjtsch]	1000	tysiąc [tischonz]
6	sześć [schäschtsch]	1/2	jedna druga [jädna druga]
7	siedem [schädäm]	1/4	jedna czwarta [jädna tschwarta]

Reiseatlas
Polnische Ostseeküste

Die Seiteneinteilung für den Reiseatlas finden Sie auf dem hinteren Umschlag dieses Reiseführers

A B C

Kartenlegende Reiseatlas

18 26	Autobahn mit Anschlussstellen Motorway with junctions
	Autobahn in Bau Motorway under construction
	Mautstelle Toll station
	Raststätte mit Übernachtung Roadside restaurant and hotel
	Raststätte Roadside restaurant
	Tankstelle Filling-station
	Autobahnähnliche Schnellstraße mit Anschlussstelle Dual carriage-way with motorway characteristics with junction
	Fernverkehrsstraße Trunk road
	Durchgangsstraße Thoroughfare
	Wichtige Hauptstraße Important main road
	Hauptstraße Main road
	Nebenstraße Secondary road
	Fernverkehrsbahn Main line railway
	Autozug-Terminal Car-loading terminal
	Bergbahn Mountain railway
	Kabinenschwebebahn Aerial cableway
	Sessellift Chair-lift
	Eisenbahnfähre Railway ferry
	Autofähre Car ferry
	Schifffahrtslinie Shipping route
	Landschaftlich besonders schöne Strecke Route with beautiful scenery
Alleenstr.	Touristenstraße Tourist route
XI-V	Wintersperre Closure in winter
	Straße für Kfz gesperrt Road closed to motor traffic
8%	Bedeutende Steigungen Important gradients
	Für Wohnwagen nicht empfehlenswert Not recommended for caravans
	Für Wohnwagen gesperrt Closed for caravans

Kósciol farny	Sehenswürdigkeit Object of interest
	Badestrand Bathing beach
	Besonders schöner Ausblick Important panoramic view
	Ausflüge & Touren Excursions & tours
	Nationalpark, Naturpark National park, nature park
	Sperrgebiet Prohibited area
	Kirche Church
	Moschee Mosque
	Kloster Monastery
	Schloss, Burg Palace, castle
	Ruinen Ruins
	Leuchtturm Lighthouse
	Turm Tower
	Höhle Cave
	Ausgrabungsstätte Archaeological excavation
	Feriendorf Tourist colony
	Motel Motel
	Jugendherberge Youth hostel
	Allein stehendes Hotel Isolated hotel
	Berghütte Refuge
	Campingplatz Camping site
	Flughafen Airport
	Flugplatz Airfield
	Staatsgrenze National boundary
	Verwaltungsgrenze Administrative boundary
	Grenzkontrollstelle Check-point
	Grenzkontrollstelle mit Beschränkung Check-point with restrictions
PARIS	Hauptstadt Capital
MARSEILLE	Verwaltungssitz Seat of the administration

A
B
C
1
2
3
4
5
6
10 km
Ystad
Rønne
Rønne
Malmö
Sassnitz
Zinnowitz
M O R Z
B A Ł T Y
Pommersche Bucht
Zatoka Pomorska
Wolin
Świnoujście
Bansin
Heringsdorf
Ahlbeck
Zirchow
Międzyzdroje
Wolin
Woliński
Park Narodowy
Świna
Dziwna
Ueckermünde
Stettiner Haff
Zalew Szczeciński
Altwarp
Nowe Warpno
Dziwnów
Międzywodzie
Dziwnówek
Kołczewo
Kodrąb
Dusin
Sibin
Recław
Kamień Pomorski
Rzewnowo
Pobierowo
Trzęsacz
Rewal
Niechorze
Mrzeżyno
Lędzin
Rega
Gostyń
Cerkwica
Świerzno
Stuchów
Mechowo
Śniatowo
Gryfic
Trz
Golczewo
Płoty
Szczytniki
Moracz
Błotno
Wołczenica
Przybiernów
Żabowo
Łosośnica
Łąka
Czarnocin
Zielonczyn
N I Z I N A
Czermnica
Babigoszcz
Nowogard
Stepnica
Wierzbięcin
Trzebież
Roztoka Odrzańska
Ahlbeck
Sperrgebiet
Hintersee
Dobieszczyn
Glashütte
Modrzewie
Święta
Goleniów
Osina
Jenikowo
Mosty
Ina
Brama Wolińska
Tanowo
Police
Dębice
Nastazin
Lubczyna
Jez.
Tarnówko
Maszewo
DEUTSCHLAND
Dobra
Boock
Czarna Łąka
Dąbie
Woj. za
Przemocze
Chociw
Löcknitz
Lubieszyn
Mierzyn
SZCZECIN
Brüssow
Bobolin
S Z C Z E C I Ń S K
Małkocin
Gogolewo
Przecław
Randow
Krackow
G. Bukowe
Kobylanka
Kościół farny
Pęzino
Kołbaskowo
Binowo
Stargard Szczeciński
Krąpiel
Storkow
Penkun
Rosow
Żelisławiec
Kołbacz
Stare Czarnowo
Jez. Miedwie
Koszewo
Krępcewo
Warnice
Tantow
Odra
Gryfino
Gardno
Będgoszcz
Barnim
Żalęcino
E65
E28
A6
3
6
10
31
11
102
107
109
104
113
142
96
91
28
29
38
35
21
22
23
18
12

D
E
F
1
2
3
4
5
6
E
C K I E
Jarosławiec
Drozdowo
Jez. Kopań
Darłowo
Rusko
Dąbki
Słowino
Łazy
Jez. Bukowo
Bielkowo
Grabowa
Sucha Koszalińska
Niemica
Mielno
Jez. Jamno
Sarbinowo
Mścice
Sianów
Ratajki
KOSZALIN
Ustronie Morskie
Tymień
Kołobrzeg
Dźwirzyno
Dobrzyca
Kukinia
Strachomino
Popowo
Bonin
Nacław
Zieleniewo
Dygowo
Mierzyn
Warnino
Dunowo
Świeszyno
Mostowo
Drzonowo
Parsęta
Niedalino
Rosnowo
Ząbrowo
Pobłocie Wlk.
Karlino
Zegrze Pomorskie
Rade
Nieżyn
Siemyśl
Gościno
Pomianowo
Białogard
Bożniewice
Dobrociechy
Gorawino
Weltkowo
Stanomino
Rokosowo
Laski
Tychowo
Rzesznikowo
Mołstowa
Powalice
Sławoborze
Wicewo
Mieszałki
Kłodzino
Rąbino
Czechy
Wicimice
Ząbrowo
Ciechnowo
Grzmiąca
Białowąs
Str. Dobrzyca
Łabuń Wlk.
Bełtno
Wielawino
Resko
Sława
Radomyśl
Świdwin
Redło
Połczyn -Zdrój
Starogard
Barwice
Ukleja
Słonowice
Bierzwnica
Radowo Wlk.
Brzeźno
Chłopowo
Nowe Worowo
Gawroniec
Łabędzie
Strzemiele
Kluczewo
Polne
Silnowo
Łobez
Suliszewice
Jez. Drawsko
Siedlice
Łubowo
Jez. Siecino
Borne Sulinowo
Mieszewo
Drawsko Pomorskie
Zarańsko
P O J E Z I E R Z E
Trzebawie
Czaplinek
Złocieniec
Węgorzyno
Jez. Świn
chodniopomorskie
Piława
Wierzchowo
Jez. Lubie
Jez. Insko
Insko
Sośnica
Str. Studnica
Golce
Dobrzany
Poźrzadło Wielkie
Łowicz Wałecki
Mirosławiec
Suliborz
Kalisz Pomorski
Jez. Betyń
Wapnica
Recz
Wałcz
Lubieniów
Drawno
Tuczno

A
B
C
1
2
3
4
5
6
10 km
Słowiński Park Narodowy
Jez. Łebsko
Kluki
Smołdzino
Steknica
Rowy
Jez. Gardno
Główczyce
Pobłocie
Objazda
Gąbino
Żelkowo
Łupawa
Ustka
Stowięcino
Jarosławiec
Duninowo
Lubuczewo
Bobrowniki
Jez. Wicko
Bruskowo Wlk.
Postomino
Jezierzyce
Redzikowo
Damnica
Potęgowo
Chewnica
Jez. Kopań
Drozdowo
Kanin
Tyn
Mianowice
SŁUPSK
Darłowo
Wieprza
Rebling
Kobylnica
Sycewice
Łosino
Słonowice
Rusko
Brama Słupska
Warszkowo
Dębnica Kaszubska
Dobieszewo
Słupia
Słowino
Tychowo
Sławno
Bobrowice
Podkomorzyce
Budowo
Grabowa
Korzybie
Niemica
Barcino
Suchorze
Uniechowo
Janiewice
Lejkowo
Kępice
Barnowo
Pomysk Mały
Ratajki
Krąg
Borzysław
Borzytuchom
Jez. Jeleń
Laski
Trzebielino
Bytów
Udorpie
Nacław
Łubno
Polanów
Dretyń
Tuchomie
Mostowo
Kawcze
Trzcinno
Kramarzyny
Radew
Żydowo
Brzeźno Szlacheckie
Bożniewice
Miastko
Lipnica
Dobrociechy
Głodowa
Drzewiany
Wełdkowo
Bobolice
Sępolno Wlk.
Miłocice
Trzyniec
Upiłka
Porost
Brda
Koczała
Mieszałki
Czechy
Biały Bór
Wierzchowo
Drężno
Jez. Wierzchowo
Swornegacie
Grzmiąca
Konarzynki
Drzonowo
Park Bory Tucholskie
Jez. Wielimie
Jez. Szczytno
Wielawino
Przechlewo
Radomyśl
Jez. Charzykowskie
Rzeczenica
Polnica
Gwda Mł.
Gwieździn
Charzykowy
Szczecinek
Czarne
Wyczechy
Człuchów
Silnowo
Sitno
Turowo
Żółtnica
Lotyń
Krzemieniewo
Barkowo
Ogorzeliny
Borne Sulinowo
Jez. Pile
Węgorzewo Szczecineckie
Mosiny
Zamarte
Okonek
Debrzno
WOJEWÓDZTWO POMORSKIE
DRAWSKIE
E28
6
11
20
21
22
25
209
210
212
214

D
E
F
1
2
3
4
5
6
Władysławowo
Mierzeja Helska
Puck
Jastarnia
Jurata
Hel
Chałupy
Zatoka Pucka
GDYNIA
Sopot
GDAŃSK
Rumia
Reda
Wejherowo
POBRZEŻE KASZUBSKIE
Karwia
Jastrzębia G.
Rozewie
Dębki
Żarnowiec
Krokowa
Łebcz
Starzyno
Gnieżdżewo
Lubiatowo
Wierzchucino
Jez. Żarnowieckie
Ulinia
Choczewo
Gniewino
Żelazna
Maszewko
Łebień
Rekowo Lęborskie
Nowa Wieś Lęborska
Lębork
Łeczyce
Strzebielino
Godętowo
Łubowidz
Luzino
Kostkowo
Bolszewo
Żelistrzewo
Mrzezino
Rewa
Karlskrona
København
Nawcz
Pogorzelice
Szemud
Koleczkowo
Chwaszczyno
Łebno
Strzepcz
Linia
Unieszynko
Cewica
Siemirowice
Dąbrówka
Mirachowo
Przodkowo
Kartuzy
Chmielno
Żukowo
Leźno
Rębiechowo
Oliwa
Sobieszewo
Przejazdowo
Sierakowice
Puzdrowo
Gowidlino
Tuchlino
Miechucino
Jez. Raduńskie
Leszczynki
Brodnica Grn.
Borucino
Somonino
Goręczyno
Egiertowo
Przywidz
Lublewo Gd.
Straszyn
Pruszcz Gdański
Grabiny-Zameczek
Łęgowo
Jasień
Sulęczyno
Klukowa Huta
Parchowo
pomorskie
Jez. Mausz
Skorzewo
Grabowo Kościerskie
Mierzeszyn
Pszczółki
Półczno
Kościerzyna
Nw. Karczma
Tczew
Lipusz
Łubiana
Wlk. Klincz
Liniewo
Skarszewy
Godziszewo
Czarlin
Swarożyn
Subkowy
Wda
Dziemiany
Wdzydze
Jez. Wdzydze
Wdzydze Tucholskie
Str. Kiszewa
Wierzyca
Starogard Gdański
Pelplin
Małe Rudno
Zblewo
Jabłowo
Wiele
Kaliska
Karsin
Brusy
Odry
Bobowo
Morzeszczyn
Lubichowo
Gniew
Czarna Woda
Skórcz
Łąg
Krzyż
Czersk
Szlachta
Brda
Rytel
Głuche
Kol. Ostrowica
Śliwice
BORY TUCHOLSKIE
Chojnice
Silno
Stobno
Brzozowe Błota
Nowe
Nebrowo Wlk.
Wielki Komorsk
Warlubie
Tleń
Osie
Tuchola
Cekcyn
Wysoka
Wieszczyce
Sławęcin
E28
E75
S6
A1
20
22
214
216
212
222
235
240

A
B
C
1
2
3
4
5
6
Rostock
Karlskrona
København
Nynäshamn
Klaipėda
Karwia
Rozewie
Jastrzębia G.
Władysławowo
Łebcz
Starzyno
Chałupy
Gnieżdżewo
Mierzeja Helska
Puck
Jastarnia
Jurata
Żelistrzewo
Mrzezino
Zatoka Pucka
Rewa
Hel
Reda
Wejherowo
Rumia
GDYNIA
Zatoka Gdańska
Szemud
Koleczkowo
Chwaszczyno
Sopot
Przodkowo
Rębiechowo
Oliwa
GDAŃSK
Żukowo
Leźno
Mierzeja
Jantar
Sobieszewo
Mikoszewo
Stegna
Sztutowo
Przejazdowo
Martwa Wisła
Szkarpawa
Zalew
Lublewo Gd.
Straszyn
Pruszcz Gdański
Kiezmark
ŻUŁAWY WIŚLANE
Marzęcino
Grabiny-Zameczek
Nw. Dwór Gdański
Przywidz
Łęgowo
Ostaszewo
Kmiecin
Kępki
Mierzeszyn
Pszczółki
Jazowa
Wisła
Nw. Staw
Pordenowo
Jegłownik
Myszewo
Nogat
Godziszewo
Lisewo
Zamek krzyżacki
Tczew
Czarlin
Malbork
Liniewo
Skarszewy
Swarożyn
Str. Pole
Gronowo Elb.
Miłoradz
Zwierzno
Wierzyca
Starogard Gdański
Subkowy
Święty Gaj
Tropy Sztumskie
Zblewo
Pelplin
Małe Walichnowy
Sztum
Jabłowo
Rudno
Biała Góra
Str. Targ
Dzierzgoń
Bobowo
Czernin
Lubichowo
Mikołajki Pomorskie
Morzeszczyn
Gniew
Ryjewo
Str. Dzierzgoń
Jez. Dzierzgoń
Skórcz
Liwa
Prabuty
Kamień
Głuche
Kwidzyn
Kol. Ostrowicka
Susz
POJEZIERZE IŁAWSKIE
Nowe
Trumieje
Nebrowo Wlk.
Kisielice
Ząbrowo
Osie
Gardeja
Wielki Komorsk
Jez. Wierzchy
Warlubie
E28
E75
E77
A1
S6
216
214
222
55
2005

D
E
F
Z E M L A N D
Jantarnyj
Russkoe
Kruglovo
Romanovo
Pereslavskoe
Hrabrovo
Petrovo
Gur'evka
KALININGRAD
Gur'evsk
Logvino
Ljublino
Primorsk
Vzmor'e
Lesnoe
Baltijsk
Svetlyj
Pribrežnyj
Kosa
Maloe Lugovoe
Kaliningradskij zaliv
Baltijskaja kosa
Jablonevka
Novomoskovskij
Svetloe
Nivenskoe
Laduškin
Prohladnaja
Veseloe
Medovoe
ROSSIJA
Pjatidorožnoe
Slavskoe
Gvardejskoe
Kornevka
Krasnoznamenskoe
Mamonovo
Vituška
Kornevo
Majskaja
Piaski
Wisłany
Gronowo
Grzechotki
Pograničnoe
Dolgorukovo
Bogatovo
Bagrationovsk
Żelazna Góra
Braniewo
Pasłęka
Frombork
Lelkowo
Piotrowiec
Kandyty
Górowo Iławeckie
Pogrodzie
Zięby
Pakosze
Wałsza
Pieniężno
Milejewo
W A R M I A
Młynary
Nowica
Kamiennik Wlk.
Słobity
Spędy
Babiak
Orneta
Lidzbark Warmiński
Burdajny
Wolnica
Pasłęk
Lubomino
Kan. Elbląski
Kwitajny
Markowo
Miłakowo
Dobre Miasto
Smolajny
Suryty
Międzylesie
Wilczkowo
Głotowo
Rychliki
Lepno
Morąg
Jez. Narie
P O J E Z I E R Z E
Tuławki
Zajezierze
Jez. Ruda Woda
Mostkowo
Dywity
Jez. Wadąg
Zalewo
OLSZTYN
Łukta
Pelnik
Giedajty
Boreczno
Miłomłyn
Gietrzwałd
Klewki
Jez. Szeląg Wielki
Jez. Drwęckie
Str. Jabłonki
O L S Z T Y Ń S K I E
Ostróda
Jeziorak
Stawiguda
Szymbark
Samborowo
Mańki
Rudzienice
Drwęca
Jez. Łańskie
Jez. Pluszne
10 km
Butryny
Ryn
Olsztynek
Iława
Rożental
Zgniłocha
A192
A191
A193
A229
A196
A194
A195
22
54
507
512
51
7
E77
16
15
1
2
3
4
5
6

Szczecin
200 m
Park S. Żeromskiego
Centrum Galaxy
pl. Sprzymierzonych
pl. Odrodzenia
al. marsz. Józefa Piłsudskiego
pl. Grunwaldzki
L. Rayskiego
Kujawska
pl. Rodła
ZUS
Jana Matejki
Wawelska
Szczerbcowa
Pobożnego
Jarowita
Urząd Wojewódzki
pl. A. Mickiewicza
Admiralska
Kolna
5 Lipca
Mazurska
al. Piastów
al. Wojska Polskiego
pl. L. Zamenhofa
Bogusława X
Śląska
al. Jedności Narodowej
Jagiellońska
Mazowiecka
Małopolska
Roosevelta
al. Wyzwolenia
pl. Lotników
pl. Hołdu Pruskiego
Teofila
Henryka
Starzego
Współczesny
Muz.
Chrobrego
pl. Obrońców Westerplatte
Boh. Getta Warszawskiego
Jadwigi
Obrońców Stalingradu
pl. gen. Wł. Andersa
pl. Zgody
ks.
Małkowskiego
bł. Królowej
pl. Żołnierza Polskiego
pl. Solidarności
Muzeum Narodowe
pl. św. Piotra i Pawła
Div. Kana
Akad. Morska
Wały Chrobrego
Komandorska
Nabrzeże Pasażerskie
Bielawa
Krzywoustego
Więckowskiego
św. Wojciecha
Kaszubska
Bogurodzicy
al. Niepodległości
Tkacka
Staromłyńska
pl. Mariacki
Korsarzy
Trasa Zamkowa im. Piotra Zaremby
Pałac Klasycystyczny
Zamek Książąt Pomorskich
Opera
W. Łokietka
pl. Zwycięstwa
Kośc. garn. św. Wojciecha
Brama Portowa
Pałac Joński
pl. Orła Białego
Grodzka
Mariacka
Sołtysia
Farna
Kuśnierska
Panieńska
Kłodna
Jagiełły
M. Kopernika
pl. Brama Portowa
ks. kard. S. Wyszyńskiego
Galeria
Partyzantów
Podgórna
Div.
Kośc. św. Jakuba
Akad. Muz.
Mściwoja II
Nowy Rynek
Ratusz
Rynek Sienny
Zbożowa
Langiewicza
pl. Dziecka
Stoisława
Śniadeckich
pl. S. Batorego
Dworcowa
Rybacka
Pomorska Akademia Medyczna
Wieleckie
Piastowski
most Długi
Urząd Celny
Spichrzowa
Gabriela Narutowicza
Potulicka
T. Czackiego
pl. Ratuszowy
Ratusz
Św. Ducha
Kośc. św. Jana Ewangelisty
M. Drzymały
3 Maja
Korzeniowskiego
pl. Tobrucki
Nowa
Nabrzeże bulwar
Odra
Celna
Władysława IV
Kusocińskiego
pl. Zawiszy Czarnego
Świętopełka
Dw. PKS
pl. Grodnicki
bulwar Gdyński
Energetyków
Nabrzeże Bro
NOWE MIASTO
Limanowskiego
Owocowa
Kanał
most Zielony
Zielony
Celna
św. Floriana
J. Sowińskiego
S. Czarnieckiego
Szczecin Główny
Składowa
L. Heyki
bulwar Gdański
Janusza
Hala Sportowa
K. Kolumba
Wyspa Jaskółcza

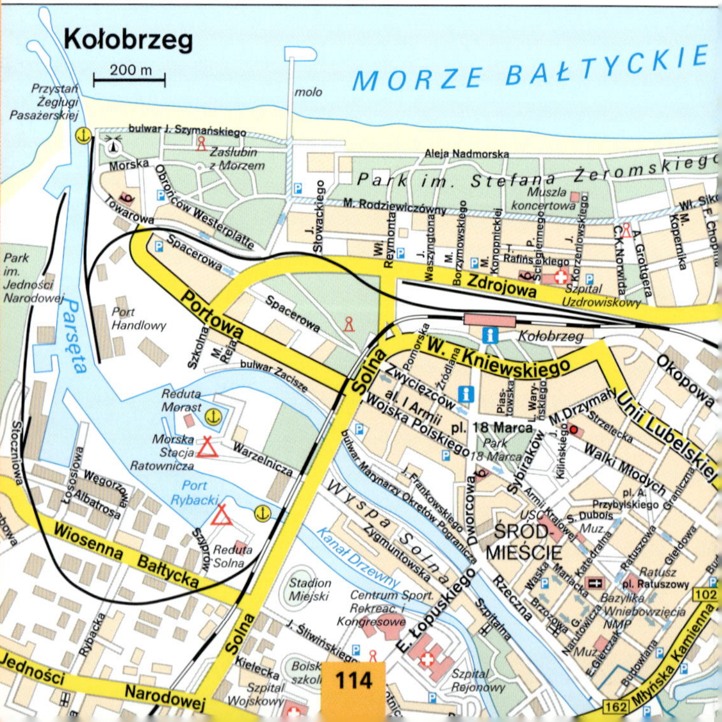
Kołobrzeg
200 m
MORZE BAŁTYCKIE
molo
Przystań Żeglugi Pasażerskiej
bulwar J. Szymańskiego
Zaślubin z Morzem
Morska
Obrońców Westerplatte
Aleja Nadmorska
Park im. Stefana Żeromskiego
Muszla koncertowa
M. Rodziewiczówny
Wł. Sikorskiego
Towarowa
Spacerowa
J. Słowackiego
Wł. Reymonta
J. Waszyngtona
M. Borzymowskiego
M. Konopnickiej
T. Rafińskiego
P. Ściegiennego
J. Korzeniowskiego
C.K. Norwida
A. Grottgera
M. Kopernika
F. Chopina
Park im. Jedności Narodowej
Zdrojowa
Szpital Uzdrowiskowy
Parsęta
Port Handlowy
Portowa
Spacerowa
Kołobrzeg
Okopowa
Szkolna
M. Reja
bulwar Zacisze
Solna
Pomorska
Źródlana
W. Kniewskiego
Zwycięzców
al. I Armii Wojska Polskiego
Piastowska
L. Waryńskiego
M. Drzymały
Unii Lubelskiej
Reduta Morast
Strzelecka
pl. 18 Marca
Park 18 Marca
Morska Stacja Ratownicza
Warzelnicza
bulwar Marynarzy Okrętów Pogranicza
J. Frankowskiego
Sybiraków
Kilińskiego
Walki Młodych
Stoczniowa
Łososiowa
Węgorzowa
Albatrosa
Port Rybacki
Wyspa Solna
Dworcowa
Armii Krajowej
pl. A. Przybylskiego
Graniczna
USC
S. Dubois
Muz.
Wiosenna
Bałtycka
Szyprów
Reduta Solna
Kanał Drzewny
Zygmuntowska
ŚRÓDMIEŚCIE
Gierczak
Katedralna
Ratuszowa
Giełdowa
Ratusz
pl. Ratuszowy
Bazylika Wniebowzięcia NMP
102
Rybacka
Stadion Miejski
Centrum Sport. Rekreac. i Kongresowe
E. Łopuskiego
Rzeczna
Szpitalna
Wąska
Mariacka
Brzozowa
G. Narutowicza
Muz.
E. Gierczak
Budowlana
Młyńska
Kamienna
J. Śliwińskiego
Jedności Narodowej
Solna
Kielecka
Boisk. szkol.
Szpital Wojskowy
Szpital Rejonowy
162

Koszalin
200 m
OSIEDLE TYSIĄCLECIA
ŚRÓDMIEŚCIE
OSIEDLE LECHITÓW
al. Monte Cassino
Morska
al. Armii Krajowej
Strumykowa
Batalionów Chłopskich
Niepodległości
Spec. Zespół Gruźlicy i Chorób Płuc
Dzierżęcinka
Odrodzenia
Budowlanych
Młyńska
Podgórna
pl. J. Kilińskiego
Park Tadeusza Kościuszki
Biblioteka
T. Kościuszki
Partyzantów
J. Dąbrowskiego
Muzea Okręgowe
Rzemieślnicza
1 Władysł. Laskonogiego
2 Bolesł. Chrobrego
3 bpa. Czesł. Domina
Podgrodzie
Piastowska
Amfiteatr
Hala Sportowa
Bałtycka Wyższa Szkoła Humanist.
Gwardii Ludowej
Jana z Kolna
Spółdzielcza
Grunwaldzka
Z. Czarnego
Park Książąt Pomorskich
Basony
B. Głowackiego
Jedności
Filharmonia
Dworcowa
Koszalin
Dąbrówki
A. Asnyka
Rynek Staromiejski
Teatry
pl. Zwycięstwa
Zwycięstwa
katedra Niepokal. Poczęcia NMP
S. Wyszyńskiego
Wolności
Wł. Andersa
Pocztowa
Kaszubska
Dzieci Wrzesińskich
Połtawska
Bol. Krzywoustego
J. Słowackiego
Kolejowa
Powstańców Wielkopolskich
Krakusa i Wandy
M. Drzymały
KEN
1 Maja
pl. Gwiaździsty
Szpitalna
Poliklinika MSWiA
Politechnika Koszalińska
Racławicka
Koszalin Wąskotorowa
W. Wróblewskiego
N. Barlickiego
Mariańska
Harcerska
Konstytucji 3 Maja
Teatr Dramat.
KS Bałtyk
Targowa
M. Curie-Skłodowskiej
Połczyńska
H. Modrzejewskiej
F. Ratajczaka
Radogoszczańska
Płowce
Legnicka
Rzeczna
Szeroka
Zakole
Lechicka
Obotrytów
Lutyków
Łużycka
P. Skargi
Poprzeczna
Gnieźnieńska
Orla
Hala Sportowa
E28
11
6

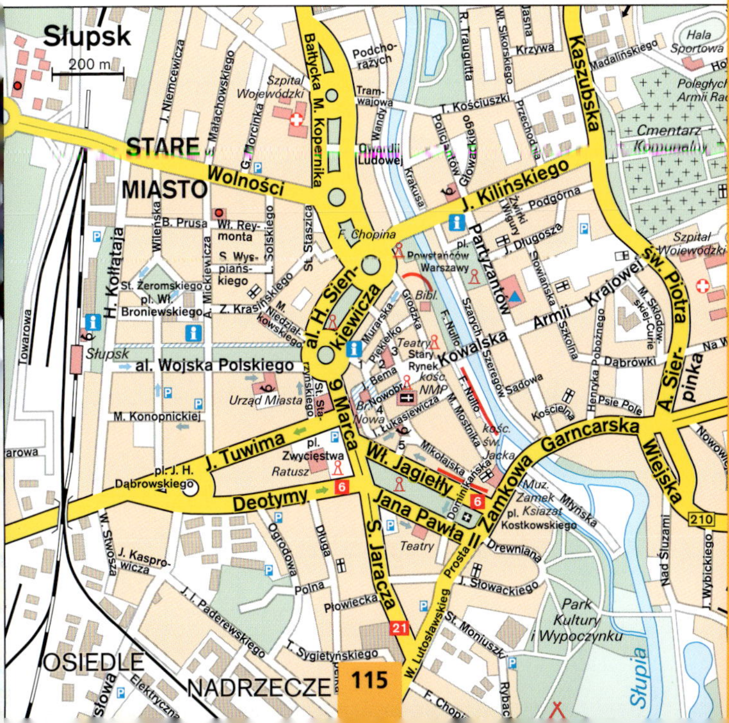
Słupsk
200 m
STARE MIASTO
OSIEDLE NADRZECZE
Hala Sportowa
Madalińskiego
Poległych Armii Radzieckiej
Cmentarz Komunalny
Kaszubska
Krzywa
Jasna
Wł. Sikorskiego
R. Traugutta
Podchorążych
Tramwajowa
Bałtycka
M. Kopernika
Szpital Wojewódzki
J. Niemcewicza
Małachowskiego
G. Morcinka
Wolności
Gwardii Ludowej
T. Kościuszki
Policjantów
Głowackiego
Przechodnia
J. Kilińskiego
Podgórna
Żwirki i Wigury
J. Długosza
Wileńska
B. Prusa
Wł. Reymonta
Solskiego
St. Staszica
F. Chopina
pl. Powstańców Warszawy
Partyzantów
H. Kołłątaja
S. Wyspiańskiego
St. Żeromskiego
pl. Wł. Broniewskiego
Z. Krasińskiego
A. Mickiewicza
M. Niedziałkowskiego
al. H. Sienkiewicza
Bibl.
Murarska
Grodzka
F. Nullo
Szarych Szeregów
Słowiańska
Armii Krajowej
Szkolna
M. Skłodowskiej-Curie
św. Piotra
Szpital Wojewódzki
Towarowa
Słupsk
al. Wojska Polskiego
Urząd Miasta
St. Starzyńskiego
Teatry
Stary Rynek
Kowalska
kość. NMP
Dąbrówki
Henryka Pobożnego
Psie Pole
A. Sierpinka
Nowowiejska
M. Konopnickiej
J. Bema
Br. Nowobramska
Nowa
I. Łukasiewicza
9 Marca
Sadowa
Kościelna
Wiejska
J. Tuwima
pl. Zwycięstwa
Ratusz
Mikołajska
M. Mostnika
kość. św. Jacka
Garncarska
pl. J. H. Dąbrowskiego
Deotymy
Wł. Jagiełły
Dominikańska
Muz. Zamek
Młyńska
Zamkowa
pl. Książąt Kostkowskiego
Drewniana
Nad Śluzami
J. Wybickiego
W. Stwosza
J. Kasprowicza
Ogrodowa
Długa
Jana Pawła II
S. Jaracza
Prosta
J. Słowackiego
Park Kultury i Wypoczynku
J. I. Paderewskiego
Polna
Płowiecka
W. Lutosławskiego
St. Moniuszki
T. Sygietyńskiego
Elektryczna
F. Chopina
Rybacka
Słupia
210
21
6

In diesem Register sind alle in diesem Reiseführer erwähnten Orte und Ausflugsziele verzeichnet. Halbfette Seitenzahlen verweisen auf den Haupteintrag, kursive auf ein Foto.

Schreiben Sie uns!

Liebe Leserin, lieber Leser,

wir setzen alles daran, Ihnen möglichst aktuelle Informationen mit auf die Reise zu geben. Dennoch schleichen sich manchmal Fehler ein – trotz gründlicher Recherche unserer Autoren/innen. Sie haben sicherlich Verständnis, dass der Verlag dafür keine Haftung übernehmen kann. Wir freuen uns aber, wenn Sie uns schreiben.

Senden Sie Ihre Post an die Marco Polo Redaktion, MAIRDUMONT, Postfach 31 51, 73751 Ostfildern, info@marcopolo.de

Impressum

Titelbild: Frisches Haff, Fischerboote (transit-Archiv: Kürtz)
Fotos: R. Freyer (2 o., 2 u., 4, 5 l., 6, 7, 12, 15, 18, 24, 26, 30, 42, 44, 46, 49, 52, 53, 54, 57, 59, 60, 79, 80); R. Hackenberg (U M., 20, 58, 67, 83, 93); HB Verlag: Hirth (5 r., 11, 25, 27, 28, 34, 37, 39, 41, 62, 70, 72, 73, 74, 77, 85, 89, 90, 94); Huber: Mehlig (1); T. Stankiewicz (U r., 22, 32); transit-Archiv: Kürtz (U l., 9, 17, 51, 64, 86, 105)

Herausgeber: Ferdinand Ranft, Chefredakteurin: Marion Zorn
Redaktion: Beatrix Müller-Kapuscinski, Bildredaktion: Gabriele Forst
Kartografie Reiseatlas: © MAIRDUMONT/Falk Verlag, Ostfildern
Vermarktung: MAIRDUMONT MEDIA, media@mairdumont.com
Gestaltung: red.sign, Stuttgart
Sprachführer: in Zusammenarbeit mit Ernst Klett Sprachen GmbH, Stuttgart, Redaktion PONS Wörterbücher

Printed in Germany. Gedruckt auf 100% chlorfrei gebleichtem Papier

Bloß nicht!

Auch an der Polnischen Ostseeküste gibt es Dinge, die Sie lieber nicht tun sollten

Nackt an den Strand

Nacktbaden ist im katholischen Polen nicht weit verbreitet. Am Strand ist textil angesagt, und zwar komplett: Selbst oben ohne kommt nicht gut an. Die FKK-Anhängerschaft wächst zwar stetig und klagt schon mal über Diskriminierung, doch noch müssen sich die Naturisten auf wenige abgelegene Strandabschnitte beschränken. Landesweit bekannt als (inoffizielle) FKK-Hochburgen sind der Strand bei Dębki, einem Fischerdörfchen an der slowinzischen Küste, Lubiewo westlich von Międzyzdroje und Chałupy auf Hel. Der einzige offizielle FKK-Badestrand Polens liegt bei Krynica Morska auf der Frischen Nehrung.

Die Kirchenwürde stören

Prächtige und reich ausgestattete Kirchen finden sich in Polen vielerorten, und Besucher sind fast immer willkommen. Doch die Gotteshäuser sind keine Museen, die Gottesdienste keine Folkloreveranstaltungen. Mit dem Fotografieren sollte man rücksichtsvoll sein, vor allem während der Liturgie, vorher zu fragen vermeidet Irritationen. Gäste, die das respektieren, erleben eine Religiosität, die in lebendigem Volksglauben wurzelt. Betreten Sie die Kirchen bitte auch nicht in allzu leichter Sommerkleidung, das gilt als Beleidigung des heiligen Ortes.

Alkoholisiert Auto fahren

Mag ein Wodka noch so gut ein deftiges Essen abrunden – wenn Sie danach noch fahren müssen, verzichten Sie bitte auf Alkohol. Selbstverständlichkeit? Offensichtlich nicht, denn nach wie vor ist Alkohol am Steuer eine der Hauptursachen für Unfälle im Land. Zwar wurde die Promillegrenze jüngst vom bis dato gültigen absoluten Alkoholverbot auf 0,2 gelockert. Doch die sind schnell überschritten, und Verstöße werden hart geahndet. Selbst wenn es gelingt, den Polizisten vom sofortigen Einkassieren Ihres Führerscheins abzuhalten – teuer wird der Spaß auf jeden Fall.

Militärobjekten zu nahe kommen

Zwar sind die Zeiten sozialistischen Feindwahns vorbei, in denen jeder Ausländer gleich als Spion galt, kam er einem Armeeobjekt zu nahe oder geriet er gar hinein. Doch auch als Nato-Mitglied reagiert Polens Militär allergisch auf allzu selbstbewusst vorgetragenes Interesse an seinen Anlagen. Parken am Straßenrand vor Kasernen ist ebenso strikt verboten wie das Filmen und Fotografieren militärischer Objekte. Die Soldaten können ziemlich unangenehm werden, und der Verweis auf die gemeinsame Nato-Mitgliedschaft hilft dann auch nicht.